I0117110

ÉLOGE

DE

PORTALIS

27
16086

OPUSCULES DU MÊME AUTEUR.

Du reproche de vandalisme adressé de nos jours à Stanislas, dernier duc de Lorraine ; 1850. In-8º. Vagner.

Le Château de la Malgrange, notice historique et descriptive ; 1852. In-8º, avec deux vues. Lepage.

Une héroïne oubliée des biographes lorrains : Marguerite d'Anjou-Lorraine, reine d'Angleterre ; 1855. In-8º. Lepage.

L'Eglise Saint-Epvre à Nancy, (autrefois paroisse de la Cour de Lorraine), notice archéologique et historique ; 1856. In-8º, avec une vue. Peiffer.

Tableau généalogique et chronologique des Ducs héréditaires de Lorraine ; feuille in-plano, décorée d'emblèmes lorrains ; 1856. Vagner.

Précis très-sommaire de l'Histoire de Lorraine ; 1857. In-12. Grimblot.

Les Maisons historiques de Nancy ; 1859. In-8º. Wiener.

Faut-il reconstruire Saint-Epvre, ou se borner à le réparer ? 1859. In-8º. Vagner.

Le Départ de la Famille ducale de Lorraine (6 mars 1737) ; 1860. In-8º, avec une gravure à l'eau forte. Wiener.

La Chartreuse de Bosserville, près Nancy ; 1861. In-4º, avec 10 gravures à l'eau forte. Maubon.

NANCY, imprimerie de veuve RAYBOIS, rue du faubourg Stanislas, 3.

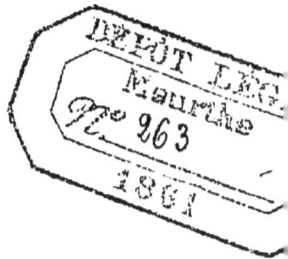

ÉLOGE

DE

JEAN-ÉTIENNE-MARIE

PORTALIS

L'UN DES RÉDACTEURS DU CODE NAPOLÉON
CONSEILLER D'ÉTAT
MINISTRE DES CULTES, MEMBRE DE L'ACADÉMIE FRANÇAISE

PAR LOUIS LALLEMENT

Avocat à la Cour impériale de Nancy, Correspondant de l'Académie de Stanislas
et de l'Académie des Sciences, Agriculture, Arts et Belles-Lettres d'Aix.

———

Mémoire couronné par l'Académie de Législation de Toulouse.

———

« Il faut être sobre de nouveautés en matière de
législation..... Les codes des peuples se font
avec le temps ; mais, à proprement parler, on ne
les fait pas. »

PORTALIS, *Discours préliminaire sur le
projet de Code civil.*

⌘

PARIS,

Auguste DURAND, libraire,

Rue des Grès-Sorbonne, 7.

MDCCCLXI.

DÉPÔT LÉG.
Maurhie
N° 263
1861

BIBLIOTHÈQUE IMPÉRIALE
IMPR

(*Extrait des Mémoires de l'Académie de Stanislas.*)

A MONSIEUR MILLEVOYE,

ANCIEN PROCUREUR GÉNÉRAL A NANCY,

PROCUREUR GÉNÉRAL PRÈS LA COUR IMPÉRIALE DE ROUEN,

Hommage respectueux,

Louis Lallement.

ÉLOGE DE PORTALIS[1]

⁓⁓

Si la génération nouvelle ne se montre pas toujours parfaitement équitable envers le présent, au moins doit-on convenir, à sa louange, qu'elle est juste et reconnaissante envers le passé. On aime à croire; en voyant le

(1) Ce travail a été couronné par l'Académie de Législation de Toulouse, dans sa séance publique annuelle du 6 décembre 1857. Le sujet mis au concours était ainsi formulé : « En proposant une » *Etude sur Portalis*, l'Académie, sans exclure aucun des faits et » des aperçus propres à mettre en lumière le jurisconsulte, le philo- » sophe, le publiciste et l'homme d'Etat, recommande aux candidats » de s'attacher principalement à mesurer avec précision l'influence » que ce personnage a exercée, soit sur la rédaction de certains mo- » numents de notre droit public, soit sur l'élaboration de divers » titres du Code Napoléon, et sur l'esprit général de ce Code révélé » par une étude consciencieuse de ses travaux préparatoires. » Le prix a consisté en une médaille d'or de la valeur de 300 francs.

mouvement qui, depuis quelques années, s'est emparé des esprits, que l'heure de la réparation a enfin sonné pour toutes les injustices et pour tous les oublis.

Chaque province, chaque ville, chaque profession s'est mise, avec une noble émulation, à fouiller ses archives, à inventorier ses richesses, revendiquant sa part de gloire dans l'œuvre commune, exhumant ses morts et leur élevant de son mieux un piédestal. Cette pieuse émulation fera l'honneur de notre temps.

Il s'en faut encore, cependant, que l'œuvre soit complète. Que de lacunes dans la vaste galerie biographique qui s'élève pierre par pierre, sous les auspices des sociétés savantes ! Nous venons essayer de combler un de ces vides en étudiant la vie d'un des hommes qui ont le plus honoré à la fois le barreau, les lettres et la science du droit ; d'un de ceux qui, ayant grandi au milieu de ruines qu'ils n'avaient point faites, ont eu l'insigne honneur et la rare fortune d'édifier sur ces ruines la société moderne, de seconder dans cette sainte mission le puissant génie qui inaugura le XIXe siècle. Cette vie trop courte, mais si bien remplie, n'est pas encore loin de nous ; déjà, pourtant, elle appartient à l'histoire ; déjà nous pouvons la juger avec impartialité et lui décerner des éloges qui ne sauraient être suspects.

En essayant de remplir cette tâche, nous nous sentons pénétré de respect lorsque nous approchons de cette grande et noble figure de Portalis : plus nous l'étudions, plus nous touchons de près à ses œuvres, plus nous sentons combien les convictions sincères, l'amour du droit, de la justice et de la vérité ont de puissance et commandent de sympathies. Qui ne se sentirait un vif attrait pour un homme qui n'a jamais parlé que pour obéir à sa conscience et servir son pays? C'est un de ces rares et beaux génies, qu'on ne saurait s'empêcher d'aimer après qu'on les a longtemps contemplés.

Jean-Etienne-Marie Portalis naquit, le 1er avril 1746, au Beausset, en Provence (1), d'une de ces familles bourgeoises qui restaient étrangères au commerce, et dont les membres, voués à des professions libérales, savaient trouver dans une honnête médiocrité de fortune la considération et l'indépendance. Il fit ses études chez les Oratoriens de Toulon et de Marseille, et il soutint avec éclat des thèses publiques de philosophie. Puis il étudia le droit à l'Université d'Aix, et fut reçu avocat en 1765, à l'âge de dix-neuf ans.

L'ordre auquel nous devons nous conformer dans l'étude de sa vie nous semble tout naturellement tracé. Nous le suivrons successivement au barreau, à la tribune du Conseil des Anciens, au Conseil d'Etat, au Ministère des Cultes, à l'Académie française. Nous étudierons tour-à-tour l'avocat, le député, l'un des auteurs du Code civil, le ministre chargé le premier de mettre le Con-

(1) Aujourd'hui chef-lieu de canton, arrondissement de Toulon, département du Var.

cordat à exécution, enfin le philosophe, le littérateur, l'académicien. Ce sera suivre, à peu de chose près (1), l'ordre chronologique des événements.

I.

Quelque éminent que soit le rôle joué par Portalis au barreau, sa principale gloire est ailleurs : elle est dans les deux monuments législatifs auxquels son nom restera à jamais attaché. Nous ne devons donc pas nous arrêter trop longtemps à sa vie d'avocat ; toutefois, nous ne saurions non plus la passer sous silence, d'autant mieux qu'elle fut la véritable préparation des travaux du futur législateur.

Il eut l'honneur d'opérer dans le genre oratoire du barreau, en Provence, une révolution salutaire. On sait assez combien l'ancienne manière de plaider était hérissée de subtilités, de citations inutiles et déplacées, de hors-d'œuvre étranges, qui nous choquent singulièrement aujourd'hui. Portalis eut le bon goût et le courage (c'en était un grand) de rompre ouvertement avec ces

(1) Nous l'intervertirons seulement en appréciant la part qu'il prit à la confection du Code, avant de nous occuper du Concordat, afin de ne pas séparer l'examen de ce dernier acte de l'exercice des fonctions de Ministre des cultes, qui termina la carrière de Portalis. Nous renverrons naturellement à la fin de cette étude l'examen des œuvres philosophiques et littéraires.

vieilles et mauvaises habitudes. Jamais il n'aborda une question sans l'agrandir et la généraliser ; en toute occasion , il sut établir les vrais principes de la science du droit. Dans la forme, surtout, il suivit une carrière nouvelle, bannit les digressions ridicules , marcha toujours droit au but, et ouvrit, en un mot, la voie qu'a si constamment suivie depuis le barreau du XIX⁰ siècle. Ce n'est pas un mince honneur pour lui d'avoir ainsi inauguré un *genre*, et il n'y parvint pas sans difficulté. On raconte qu'au sortir de l'audience à laquelle il avait plaidé sa première cause, un vieux praticien lui fit ce compliment : « Vous avez plaidé avec esprit ; mais il faut changer votre manière, qui n'est pas celle du barreau. — Monsieur, aurait répondu le jeune avocat, qui avait conscience de ses forces et qui jugeait bien son temps, c'est le barreau qui a besoin de changer d'allure, et non pas moi. » L'anecdote peut n'être pas vraie, mais elle peint à merveille la réforme que Portalis voulait faire prévaloir dans l'éloquence judiciaire. La repartie, un peu prétentieuse sans doute, qu'elle met dans sa bouche, est une prophétie qui depuis s'est réalisée (1).

Une grande vivacité d'esprit, une mémoire qui tenait du prodige, l'art d'agrandir les débats les plus obscurs, des vues sages et élevées, tout en lui faisait pressentir

---

(1) « Le Parlement, qui tenait pour les traditions, refusa à Portalis le compliment d'usage. » (*Portalis avocat au Parlement de Provence*, par H. Aubépin. — *Revue historique du droit français et étranger*, 2ᵉ année, p. 181.)

l'homme d'Etat. En attendant, la conscience et le talent qu'il déployait dans toutes les affaires, et qui furent tout de suite appréciés des magistrats, firent bientôt de lui l'avocat des grandes causes. Dans l'impossibilité où nous sommes d'énumérer ici toutes les questions importantes qu'il a éclaircies, toutes les belles discussions auxquelles il a pris part, nous voudrions au moins nous arrêter quelques instants sur le procès le plus célèbre auquel son nom reste lié, sur celui de tous qui attira au plus haut point l'attention universelle : nous voulons parler de l'affaire de la comtesse de Mirabeau contre son mari.

C'était en 1783. A cette époque, Mirabeau n'était déjà plus un personnage obscur. Il avait trente-quatre ans. Il arrivait à Aix précédé moins encore par le bruit des orages de sa vie aventureuse et des poursuites dont il avait été l'objet, que par la renommée de ses talents pressentis. Il voulut se défendre lui-même et lui seul. Qui opposer à un tel adversaire? On choisit Portalis, et c'est assez dire tout ce qu'on attendait de lui. On sait que Mirabeau, après une séparation de fait qui avait duré assez longtemps, avait introduit devant la sénéchaussée d'Aix une demande en réintégration du domicile conjugal ; sa femme y répondit par une demande en séparation de corps et d'habitation, comme on disait alors. On plaida d'abord sur un incident devant le sénéchal ; puis l'affaire fut solennellement plaidée au fond devant le Parlement de Provence. Mirabeau s'était déjà révélé devant la sénéchaussée : dès le premier jour, il montra à quel point il possédait toutes les ressources de l'art qui devait l'élever si haut ; dès ce moment, on put pressentir quelle serait sa puissance si jamais la parole devenait souveraine. Portalis ne recula point devant cet homme qui était, on peut le dire, l'éloquence même. Une affluence immense voulut assister à cette lutte oratoire : malgré la garde triplée, portes, barrières, fenêtres, tout fut envahi, enfoncé par la foule ; on dit même que ceux qui ne purent pénétrer dans l'enceinte essayaient au moins de *voir* du dehors, en montant sur les toits. L'archiduc de Milan, frère de l'empereur Joseph II et de la reine Marie-Antoinette, et l'archiduchesse sa femme, assistaient à l'audience dans une tribune.

En face du bouillant orateur, se tenait Portalis, aussi calme, aussi maître de lui-même que son adversaire était emporté et fougueux. Moins entraînant par les élans de l'éloquence, l'avocat plaida la cause de Mme de Mirabeau avec cette fermeté sûre d'elle-même, qui discute au lieu de bondir, qui persuade au lieu d'agiter. Il somma Mirabeau de sortir des réticences dans lesquelles il semblait se complaire sur un point capital de la cause. Le succès fut complet. Le plaideur ne connut plus de bornes : il ne put se contenir, n'épargna personne, compromit sa cause, et prouva une fois de plus combien il est périlleux de se défendre soi-même. Car, s'il était un homme qui eût dû triompher en venant plaider son propre procès devant la justice, c'était assurément Mirabeau ; pourtant il succomba, et le succès remporté par

Portalis sur un tel adversaire restera le plus merveilleux triomphe de sa vie d'avocat. L'histoire dira qu'il a vaincu Mirabeau.

Et cependant, là n'est pas encore la plus grande gloire de Portalis! Encore une fois, nous avons hâte d'arriver aux deux grandes œuvres qui immortaliseront son nom, et nous ne saurions le suivre pas à pas dans sa carrière judiciaire. Son souvenir pourtant reste attaché à d'autres causes célèbres : citons, entre autres, l'affaire des prêtres de l'Oratoire de la ville de Ciotat, l'affaire du marquis de Cipières, maire de Marseille, contre l'Ordre de Malte, et le fameux procès du comte de la Blache, légataire universel de Pâris-Duverney, contre Beaumarchais, l'ancien associé du fermier-général, procès qui occupa cinquante-neuf séances consécutives du Parlement d'Aix, et dans lequel Beaumarchais plaida pour lui-même : cette fois, l'avocat ne l'emporta pas sur le malin auteur, cependant sa plaidoirie fut à la hauteur de son talent : quel que fût le désavantage de sa position, dans un procès qui depuis sept ans se débattait devant l'opinion publique, en face d'un adversaire qui avait fait de ce drame judiciaire un drame de mœurs, il sut perdre honorablement sa cause.

Citons surtout une des dernières causes de Portalis, qui se place aux premiers jours de la Révolution, et qui fut peut-être en France le premier succès de la défense en matière criminelle. Grâce à l'Assemblée Constituante, la procédure était devenue publique, et l'on devait donner des défenseurs aux accusés (1). De là naissait, pour le barreau français, une mission toute nouvelle. Jusque-là, nos avocats avaient plaidé au civil, mais tout ce qui leur était permis au criminel, c'était d'écrire des Mémoires, des *Factums*, jamais d'aborder le prétoire essentiellement secret où l'on jugeait les accusés. Après bien des siècles, on revenait enfin aux accusations et aux défenses publiques, comme dans l'ancienne Rome. On comprenait qu'il était cruel et dangereux pour la justice d'obliger un malheureux, profondément inexpérimenté, à comparaître seul, sans appui, devant ses juges; on sentait enfin qu'il était juste et sage de lui accorder l'assistance d'un conseil, qui, dégagé de l'émotion que cause aux plus fermes une accusation personnelle, saurait s'expliquer de sang-froid et présenter avec convenance les moyens de défense de l'accusé. L'épreuve ne fut pas sans péril pour Portalis : il eut tout de suite à lutter contre l'opinion publique, si souvent aveugle ; il se trouva en face d'une foule qui n'apportait pas à l'audience de meilleurs sentiments pour l'avocat, que les partisans de Clodius n'en manifestèrent lorsque Cicéron défendit Milon. Voici de quoi il s'agissait.

Dans un tumulte populaire, deux dragons du régiment du Roi, assaillis par une multitude égarée, avaient tué un paysan en se défendant ; ils furent arrêtés. La Cham-

(1) Décret de l'Assemblée nationale, des 8 et 9 octobre - 3 novembre 1789, art. 10 et 21.

bre des Vacations du Parlement, qui subsistait encore, devait les juger : elle leur donna Portalis pour défenseur. Au jour fixé pour les débats, la population entière s'émeut ; elle menace de massacrer les accusés si les juges ne les déclarent pas coupables. Des murmures circulent contre le défenseur dans un auditoire turbulent et mal-intentionné. Portalis les entend... La parole lui est donnée. Avant de s'adresser aux magistrats, il se tourne vers le peuple : il lui rappelle en peu de mots que la liberté du ministère sacré qu'il vient remplir importe à tous les citoyens, et que, dans l'intérêt de tous, nul ne doit être jugé sans avoir été défendu. Il obtient le silence, commande l'attention, justifie les accusés en se fondant sur ce qu'ils avaient agi en état de légitime défense, et obtient leur acquittement. Sûr de son droit, fort de sa cause, l'avocat refuse les précautions qu'on lui offrait de prendre pour sa sûreté après la plaidoirie, et se retire sans recevoir la moindre insulte. Ce calme, imposé par l'éloquence, fut de peu de durée : les magistrats qui venaient de prononcer l'arrêt d'acquittement durent s'échapper par des issues secrètes ; il fallut reconduire en prison les accusés acquittés, et ils ne purent recouvrer la liberté que la nuit, à l'aide d'un déguisement.

Cette page de la vie de Portalis n'est pas une de celles qui l'honorent le moins. Elle met en lumière et son talent et sa fermeté d'âme, et ce courage civil qui ne recule jamais devant le devoir, si périlleux qu'en soit l'accomplissement.

Tel fut l'avocat à l'audience, mais Portalis était aussi avocat consultant; et dès l'âge de vingt-quatre ans, en 1770, il avait eu l'insigne honneur d'être consulté par le ministre Choiseul sur la validité du mariage des protestants en France. Il s'agissait de savoir si un mariage, contracté par deux époux protestants en présence de leurs plus proches parents et d'un ministre de leur culte, pourrait être querellé de nullité par un collatéral qui voudrait exclure les enfants issus de ce mariage de la succession de leur père, alors que ces enfants et ceux dont ils avaient reçu le jour auraient toujours joui publiquement et tranquillement de leur état.

On pressent déjà, dans les discussions auxquelles se livre le jeune avocat, le futur rapporteur du Titre *du Mariage* du Code Napoléon. C'est la même logique serrée et vigoureuse, la même dialectique savante et animée. « Prétendre que les protestants ne doivent avoir la faculté de se marier en France qu'en face de l'Eglise, et s'ils se convertissent à la foi catholique, c'est, dit Portalis, vouloir compromettre la sainteté de nos mystères, forcer les hommes à l'hypocrisie, exposer nos sacrements à des profanations.... Le système de contrainte que nous réfutons ne servirait qu'à nécessiter sans cesse le sacrilége, qui est le plus grand des crimes. » Linguet, le moins louangeur des hommes, l'esprit le plus porté à la critique et au dénigrement, n'a pu s'empêcher de dire de cette consultation : « Cet ouvrage est plein d'éloquence et de solidité » (1). Les vues développées dans ce Mémoire, qui fit sensation et qui contribua à modifier la jurisprudence des Parlements, ne furent pas sans influence sur les conseils de Louis XVI, et l'on en retrouva l'esprit dans les mesures législatives par lesquelles l'état civil des protestants en France fut fixé seize ans plus tard (2). C'est ainsi que l'avocat préludait aux travaux du futur législateur.

C'est encore à sa carrière d'avocat que se rapporte sa mémorable protestation contre les édits de 1788. Le cardinal Loménie de Brienne, archevêque de Sens, devenu principal ministre à la place de Calonne, avait résolu de mettre un terme aux résistances que les Parlements opposaient à l'enregistrement des édits royaux. Il ne recula pas devant un véritable coup d'Etat : on peut donner ce nom aux édits de mai 1788, qui, retirant aux Parlements le droit de vérifier les actes législatifs, diminuaient leurs ressorts, créaient une Cour plénière, unique pour tout le royaume, et chargée seule de la vérification et publication de tous les édits, ordonnances, déclarations et lettres patentes du Roi en matière d'administration et de législation générale, et qui enfin mettaient dédaigneusement les magistrats en vacances jusqu'à l'exécution des nouvelles mesures. Une résistance universelle éclata dans les rangs de la magistrature ; le

(1) Linguet, *Mémoire pour Mme de Bombelles.*
(2) Edit du 28 novembre 1787.

barreau ne pouvait guère manquer de s'y associer. Les nouveaux édits furent publiés et enregistrés d'autorité, par les gouverneurs des provinces, en présence des Parlements qui n'assistèrent à cette publication que comme contraints et forcés. Presque partout les magistrats protestèrent explicitement : à Aix notamment, le premier avocat-général, M. de Castillon, osa prononcer, immédiatement après la lecture des édits, un discours dans lequel il déplorait fort amèrement l'atteinte portée par ces actes « à toutes les lois et au droit des gens, » requérant que son opposition à l'enregistrement des édits soit couchée sur les registres et dans le procès-verbal, et « prenant le Parlement lui-même à témoin de sa résistance et de sa fidélité. » C'est dans ces graves circonstances que Portalis, l'honneur du barreau provençal, prit la plume et adressa au Garde-des-Sceaux une lettre que signèrent tous ses confrères, et dans laquelle il développe avec une respectueuse énergie les motifs de la résistance de l'Ordre des Avocats à des édits qui bouleversaient la constitution de la monarchie et anéantissaient les priviléges des pays d'Etats comme la Provence (1). Au milieu du déluge d'opuscules qui parurent alors sur les nouveaux édits, cette lettre est

(1) *Lettre des Avocats du Parlement de Provence à M. le Garde des Sceaux*, sur les nouveaux édits transcrits par les commissaires de Sa Majesté dans les registres des Cours Souveraines du pays, le 8 mai 1788. Sans indication du lieu de l'impression ni du nom de l'imprimeur. 1788.

peut-être ce qui a été publié de plus ferme et de plus logique. Toutefois, il faut le dire, on n'y soupçonnerait guère le futur rédacteur du Code Napoléon, lorsqu'on y rencontre des maximes telles que celles-ci : « Dans une vaste monarchie, comme la France,... composée de divers peuples gouvernés par des coutumes différentes, il est impossible d'avoir un corps complet de législation... Des idées d'uniformité dans la législation, le désir d'éviter les opinions diverses des différents corps de magistrature placés dans les diverses parties de l'Etat, paraissent avoir dicté les nouveaux plans. Mais l'uniformité est-elle un bien si absolu, qu'elle ne puisse comporter aucune exception ? Dans une vaste monarchie, composée de plusieurs peuples distincts par leurs usages, par leurs besoins, par leurs caractères, par leurs habitudes, est-il possible que la différence des mœurs n'en suppose et n'en amène pas quelqu'une dans les loix ? N'est-il pas utile que chaque cité, chaque province conserve ses Coutumes ?... C'est par la petite patrie que l'on tient à la grande : séparez les hommes de tout ce qu'ils aiment, vous faites, à coup sûr, de mauvais citoyens. » Il est vrai qu'il ajoute, semblant restreindre sa pensée : « Les loix bursales, plus que toutes les autres, doivent être adaptées au sol, aux besoins, aux forces, aux goûts même de chaque peuple. Le législateur, dans cette matière, doit connaître et suivre plus particulièrement les inégalités et les différences. » Mais plus loin, après avoir démontré par des textes sans réplique que

« la Provence est une monarchie distincte de la France »
(*sic*), que son union à la couronne ne s'est effectuée
qu'à la condition expresse de la maintenir dans ses lois
et dans ses usages particuliers, il s'écrie : « Le prétexte
d'uniformité, et les autres motifs semblables, ne sauraient
prévaloir sur un droit national qui ne comporte aucune
dérogation, aucune exception contraire ; sur un droit
aussi ancien que la Provence... Le célèbre Guillaume
de Lamoignon, premier président de la première Cour
du royaume, et chargé par Louis-le-Grand de travailler
à la rédaction d'une nouvelle législation uniforme pour
toute la France, reconnaissait *qu'il fallait désespérer
d'y parvenir*, attendu que plusieurs provinces se sont
données à la France, à la charge et condition de les
maintenir dans l'usage de leurs loix et coutumes, auxquels
traités on ne doit point donner atteinte... De pareils
traités ne sont pas des institutions arbitraires dans l'Etat,
mais de véritables loix de l'Etat ; des loix fondamentales
que nos rois sont dans l'heureuse impuissance de changer ; des loix qui sont le lien commun de l'autorité et de
l'obéissance ; des loix inviolables qui sont écrites sur le
trône, et inébranlables comme lui. »

Qui pourrait pressentir, à de telles paroles, l'homme
qui devait bientôt contribuer si puissamment à doter
notre patrie d'une législation uniforme ? Il faut reconnaître qu'en parlant ainsi, Portalis se montrait plus provençal que français ; mais il est clair qu'en droit strict,
en s'attachant au texte de l'acte de réunion, il avait rai-

son. Il faudra qu'une révolution radicale ait passé sur la France, pour rendre possible en 1804 ce que le juris-consulte provençal considérait en 1788 comme une œuvre impossible : l'unité de législation. Certes, l'avocat n'avait pas tort en 1788 ; quinze ans plus tard, le législeur se trouvait en présence d'un fait accompli, qui avait tout modifié en France. Sous Louis XVI, les provinces, celles surtout qui avaient été pays d'Etats, avaient des lois à elles ; elles n'en avaient plus sous le Consulat, puisque la Révolution, sociale autant que politique, qui venait d'éclater, avait fait table rase de la législation tout entière, des lois générales aussi bien que des coutumes particulières. Ce que Portalis avait raison de juger impossible sous l'ancienne monarchie, tant qu'elle eût subsisté, était devenu, à l'issue de la Révolution, une impérieuse nécessité. Il ne s'est donc point contredit : à l'une et à l'autre époque, il a été le défenseur du droit, d'abord pour le maintenir, puis pour le réédifier (1).

Nous ne voudrions pas abandonner la *Lettre au Garde*

(1) En parlant ainsi, nous ne faisons que nous rendre l'écho de la pensée de Portalis lui-même, qui, en présentant le Code civil au Corps législatif, s'est exprimé ainsi :

« ... Les d'Aguesseau, les Lamoignon sentaient la nécessité d'avoir une législation uniforme.... Mais, au temps où ils manifestaient leur vœu, il eût été dangereux et même impossible de le réaliser. Aujourd'hui une législation uniforme sera un des grands bienfaits de la Révolution. » (Séance du 5 frimaire an X. — V. Portalis, *Discours, rapports, et travaux inédits sur le Code civil*, publiés par le vicomte Frédéric Portalis, Paris, Joubert, 1844 ; page 98.)

des Sceaux, sans emprunter encore à ce remarquable écrit la vraie définition du droit de vérification des lois, droit sur lequel on se fait trop souvent, de nos jours, les idées les plus fausses. « La vérification des lois, dit Portalis, n'est ni un acte de souveraineté, ni un acte de gouvernement, ni un acte de jurisdiction ; c'est une fonction toute particulière, un ministère sublime qui éclaire la puissance sans la partager, qui est essentiellement distinct et de l'office du législateur, qui ne peut raisonnablement être chargé de l'examen de son propre ouvrage, et de l'office du juge, qui n'est appellé que pour exécuter et appliquer les lois établies. Parmi nous, ce ministère, qui doit être aussi actif que la pensée, aussi incorruptible que la vertu, aussi libre que la conscience, a constamment été rempli par les Cours du pays, composées de magistrats du pays..... »

Dans cette Lettre, pleine de patriotisme et d'éloquence, Portalis parlait au nom du barreau : non-seulement les avocats au Parlement d'Aix la signèrent avec lui, mais encore ceux de Marseille et de Toulon y adhérèrent. L'avocat est justement fier d'adresser ces belles remontrances au nom d'un « Ordre dépositaire et défenseur né des maximes, organe naturel des loix, témoin journalier des vertus et des talents des magistrats qui exercent si dignement la justice souveraine du Roi dans ses Cours ;.... d'un Ordre qui tient, par les liens les plus intimes, à la magistrature ; qui est particulièrement consacré aux loix, et qui ne peut utilement et noblement exister qu'avec elles. »

Il revint sur la même question dans un autre écrit intitulé : *Examen impartial des édits du 8 mai 1788* (1). Là, comme dans la *Lettre*, et avec plus de liberté et d'étendue , parce qu'il ne parlait plus au nom d'une corporation, il se livre à une discussion approfondie des vrais principes du gouvernement français et des privilèges des pays d'Etats. On remarque dans ce travail des vues neuves élevées sur l'exercice de la puissance publique.

En présence de la réprobation universelle soulevée par les édits de mai, le Roi fit appel au suprême remède, aux Etats-généraux, qu'il convoqua pour l'année suivante (5 mai 1789) ; et il rendit aux Cours souveraines leurs attributions, en attendant cette réunion solennelle.

II.

La Révolution arracha Portalis à l'exercice actif de la profession d'avocat. Déjà il en avait interrompu plusieurs années l'exercice pour remplir des fonctions administratives : en 1778, il avait été élu assesseur d'Aix (2), et

(1) *Examen impartial des édits de 1788,* par M. Portalis. Aix, 1788.

(2) L'assesseur d'Aix était le second des quatre administrateurs électifs de la Provence , connus sous le nom de *procureurs du pays.* C'était ordinairement sur lui que reposait tout le fardeau de l'administration.

avait été heureux de rendre à sa province de signalés
services (de 1778 à 1781). Lorsqu'en 1789 les Etats-
généraux furent convoqués, la voix publique désignait
Portalis pour député ; mais l'influence de Mirabeau s'opposa à son élection (1). Cependant la Révolution mar-
chait à grands pas. L'avocat, ne pouvant plus espérer
faire le bien au milieu de la fermentation universelle
des esprits, se retira d'abord à la campagne, où il tra-
vailla à un ouvrage sur les *Sociétés politiques*, qu'il avait
commencé dans ses moments de loisir (2). Les troubles
qui éclatèrent en Provence le forcèrent à s'éloigner. Ne
pouvant se résoudre à quitter la France, il se rendit à
Lyon, où il avait des amis et où il était bien connu. Il y

(1) Lors de la Révolution, Portalis se montra opposé à la division de la Provence en trois départements. Il dit dans un
Mémoire adressé à la Constituante :

« La partie la moins infortunée des habitants de la Provence
soutenait et soulageait la plus souffrante. De cette union qui liait
les besoins et les ressources, naissait le bonheur commun. Ce
n'est pas la nature qui produisait ce bien ; il était souvent con-
trarié par elle ; il était l'ouvrage de l'heureuse confédération qui
existait entre nous. »

Ennemi de la centralisation excessive, Portalis comprenait bien
qu'on n'y résisterait qu'en conservant les provinces, et que la cou-
pure du sol en départements tuerait tout esprit provincial.

Nommé commissaire du roi en 1790, pour l'organisation d'un
des départements de l'ancienne Provence, Portalis refusa au nom
de son attachement pour les franchises de son pays.

(2) Il n'en reste que quelques fragments inédits, l'auteur ayant
été obligé, pour sa sûreté personnelle, d'en détruire une grande
partie, lorsqu'il fut poursuivi et persécuté en 1793.

fut consulté, de tous les départements voisins, sur des questions de droit fort importantes. Il donna notamment, à cette époque, deux consultations remarquables, l'une sur une question d'état, l'autre sur la nullité des dispositions testamentaires faites en faveur d'une concubine. Ainsi il continuait, au milieu de l'orage qui grondait de toutes parts, sa carrière d'avocat... Mais sa position devint plus difficile lorsque l'Assemblée législative eut mis en accusation son frère, officier au Corps royal du Génie, impliqué dans les mouvements royalistes du camp de Jalès (1792). Cependant, au commencement de 1793, il osa composer un plan de défense pour l'infortuné Louis XVI : il le développa même avec éloquence et courage dans une société nombreuse réunie chez le proche parent d'un lyonnais, qui fut depuis le maréchal duc d'Albuféra. Bien qu'il n'eût pas quitté la France, Portalis avait été inscrit en 1792 sur la liste des émigrés, ainsi que sa femme et son fils. Il dut s'éloigner de Lyon, vécut en paix à Villefranche pendant quelques mois, puis se rendit à Paris, dans l'espoir d'y vivre inaperçu et oublié. Mais les dénonciations de la Commission temporaire de Lyon l'y avaient précédé : il fut arrêté. Au milieu de ces cruelles épreuves, sa gaîté et sa résignation ne se démentirent pas un instant : il savait consoler, par son humeur toujours égale, ses compagnons de captivité. Son fils réussit à retarder l'instant de son jugement et à le sauver. Portalis ne fut rendu à la liberté que longtemps après le 9 thermidor. Sorti de prison vers la fin de l'année 1794, il reprit quelque temps l'exercice de la profession d'avocat ; mais il ne crut pas devoir accepter une place qu'on lui offrit au Tribunal de Cassation. Un des premiers, il demanda la restitution des biens des condamnés à leurs familles (1) ; il publia à ce sujet une courte, mais courageuse brochure intitulée : *De la révision des jugements*, avec cette épigraphe empruntée à Crébillon :

Hérite-t-on, grand Dieu ! de ceux qu'on assassine !

Quelque temps après, dans un Mémoire intitulé : *Il est temps de parler, ou Mémoire pour la commune d'Arles* (1795), il prit la défense de cette malheureuse ville, qui demandait à être relevée de la terrible proscription dont la Convention l'avait frappée.

Lorsqu'enfin la Constitution de l'an III (1795) eût été décrétée et acceptée, Portalis fut élu député à la fois par les électeurs de la Seine, auxquels il avait un jour révélé son mérite par sa présence d'esprit dans une assemblée primaire, et par les électeurs du Var. Son âge l'appela à faire partie du Conseil des Anciens, où il trouva son beau-frère Siméon, Tronchet et Maleville. Il prit souvent la parole dans cette assemblée, toujours pour défendre la cause de la justice et du bon droit. Il ne manqua pas

(1) Il s'agissait de savoir si, de peur de porter atteinte à l'hypothèque et au crédit des assignats, la Convention redevenue libre resterait sourde aux cris des familles, réclamant contre les confiscations qui avaient suivi les jugements iniques rendus sous la Terreur.

une occasion de rappeler à ses collègues les vrais principes en matière de législation. Quand il se décidait à parler, il n'écoutait que la voix de sa conscience ; il ne s'arrêtait jamais devant les préventions, si hostiles qu'elles fussent, de la majorité de l'assemblée ; il n'obéissait qu'à ses convictions personnelles, et il leur obéissait toujours. Il sut être constamment fidèle à cette belle maxime : *Fais ce que dois, advienne que pourra;* et bien souvent, comme on va le voir, il fut assez heureux pour faire triompher ses vues, pour ramener les esprits à ses idées ; il obtint même plus d'un vote unanime. Suivons-le dans cette phase législative de sa vie, et arrêtons-nous quelques instants sur ses principaux discours.

Le 21 frimaire an IV (1), il monte à la tribune pour s'opposer à ce que le Directoire exécutif soit chargé de pourvoir au remplacement des juges démissionnaires ou obligés de se retirer. Il reprend alors sa belle définition des qualités du juge, que d'Aguesseau n'eût pas désavouée : « Un juge doit être libre comme la pensée, réglé comme la conscience, et incorruptible comme la vertu ; il est la vive voix de la loi ; il ne doit voir qu'elle au-dessus de lui. »

Son discours (2) et son rapport (3) sur les attribu-

(1) *Moniteur* du 28 (19 décembre 1795).
(2) Séance du 28 frimaire an IV (*Moniteur* du 4 nivôse).
(3) Séance du 4 nivôse an IV (*Moniteur* du 10).

tions des juges de paix en matière de conciliation, méritent de notre part une attention particulière : car nous y
trouverons des idées que nos législateurs devraient bien
méditer et faire passer dans la pratique. « Toute loi,
dit-il, doit être rédigée avec clarté, exactitude et précision ; la bonne rédaction annonce l'attention du législateur, et lui garantit la confiance du peuple. » N'est-ce
pas cette règle qui devait inspirer, quelques années plus
tard, les rédacteurs du Code civil ? Portalis critique le
système de la résolution proposée par le Conseil des
Cinq-Cents, surtout en ce qu'elle subordonnait la compétence des bureaux de conciliation à la différence des
actions personnelles et des actions réelles. « Cette distinction, dit-il avec cette raison éminemment pratique
qu'il déploya partout et toujours, cette distinction est
très-contentieuse par elle-même... Rien n'a été plus
contentieux que ces questions dans l'ancienne jurisprudence ; et quand les chicaniers s'en emparaient, c'était
pour eux une source intarissable de procès. Des matières
réelles et personnelles ils faisaient naître des actions
mixtes, c'est-à-dire qui tenaient de l'une et de l'autre ;
ensuite on se disputait pour savoir si elles tenaient plus
de la personnalité que de la réalité, de la réalité que de
la personnalité. Rien n'était plus difficile à saisir que ces
différentes nuances... Une partie aura besoin d'un conseil pour la déterminer sur les caractères de son action.
Il faudra salarier ce conseil... La distinction des actions
réelles et personnelles n'est donc qu'un embarras et un

danger. » En conséquence, pour régler la compétence des bureaux de conciliation, le rapporteur propose (et ce système a complétement passé dans notre Code de procédure, art. 50-1°) d'admettre pour règle unique le domicile des défendeurs. « Cette règle est peu susceptible de contention. Elle dépend d'un fait que chaque partie peut apprécier. Elle est moins onéreuse au défendeur pauvre, qui n'est point exposé à des déplacements. » Portalis saisit l'occasion pour exprimer un vœu que nous nous permettrons de renouveler en son nom : « Il serait bon que les citations en conciliation fussent exemptes de tout droit de timbre et d'enregistrement : il ne faut pas qu'un établissement de bienfaisance soit altéré par des idées de bursalité. »

Le 12 nivôse an IV (1), il s'oppose vivement à la résolution de créer un ministère de la police générale de la république. Suivant lui, la police doit être essentiellement locale : loin de former un ministère particulier, elle doit être l'œil de tous les ministères.

A la séance du 5 pluviôse an IV (2), il vint combattre avec beaucoup d'éloquence et de chaleur la résolution de lever la suspension de la loi du 9 floréal an III, loi inique qui, sous prétexte de frapper les émigrés, atteignait leurs parents, en attribuant à la république les portions d'héritage que les émigrés ne devaient recueillir qu'après la mort de leurs ascendants. La parole du juris-

(1) 2 janvier 1796 (*Moniteur* du 17 nivôse).
(2) 25 janvier 1796 (*Moniteur* du 9 pluviôse).

consulte honnête homme fut tout à fait à la hauteur de
la sainte cause qu'il venait plaider. Il n'eut pas de peine
à établir, à la lumière des éternels principes du droit,
que, sauf la légitime ou réserve à laquelle encore l'enfant
n'a droit qu'à la mort de ses parents, les biens des pères
et mères vivants n'appartiennent point aux enfants, qui
n'ont que l'espoir très-incertain de les recueillir un jour.
« Chez toutes les nations, s'écria-t-il, les transactions
passées entre successibles sur la succession future d'un
homme vivant, ont constamment été annulées, comme
respirant des désirs et une avidité homicides, comme
contraires à la décence, à l'humanité et aux bonnes
mœurs. Se pourrait-il que le législateur vînt lui-même,
au profit de la république, consacrer l'exemple d'une
conduite qu'il réprouve, qu'il flétrit dans les citoyens?
Ne serait-ce pas faire violer la loi par la loi même? » A
ceux qui objectaient la prétendue responsabilité des
pères et mères, il répond que cette responsabilité est inconciliable avec des lois qui ne leur laissent aucune influence sur leurs enfants, et qui rompent tous les liens du
gouvernement domestique. D'un mot il fait pleinement
ressortir l'iniquité de la résolution proposée : « L'idée
d'une complicité *présumée* est intolérable : » principe
sacré, fondamental en matière criminelle, principe dont
l'évidence nous frappe aujourd'hui, mais que le Conseil
des Anciens n'eût peut-être pas plus admis que le Conseil des Cinq-Cents, si la voix généreuse de Portalis
n'était venue le rappeler à la justice et stigmatiser, comme

elle le méritait, une loi qui « changeait l'ordre naturel
et légitime des successions, et qui violait la foi des contrats. » Citons encore quelques-uns de ces mots heureux
que sut trouver l'orateur, et que doit recueillir l'histoire :
« La justice est la vertu des empires ; elle fonde même
leur puissance... Hâtons-nous de mettre un terme aux
soupçons, aux inquiétudes, aux violences. Rentrons le
plus tôt possible dans ce train ordinaire du gouvernement, où la puissance publique protége tout et ne s'arme
contre personne. » Ce noble langage fut entendu, et la
résolution fut rejetée.

C'est encore une thèse de droit et un principe de procédure criminelle que Portalis vint soutenir, lorsqu'il eut
à présenter un rapport sur la résolution prise par le
Conseil des Cinq-Cents, d'autoriser le Directoire exécutif
à statuer sur les demandes en radiation de la liste des
émigrés, et de placer ces demandes dans les attributions
du ministre de la police (1). Il établit que le pouvoir
exécutif est incompétent en cette matière, et que les décisions à prendre sur le sort des émigrés appartiennent
de droit à l'autorité judiciaire. Il pose ce principe que,
même dans les accusations politiques, « dans les faits
qui intéressent le Gouvernement, les précautions et les
mesures à prendre pour découvrir un complot, pour en
prévenir les funestes effets, pour s'assurer de la personne d'un ennemi public, sont du ressort de la politi-

_____

(1) Séance du 24 pluviôse an IV ; 17 février 1796 (*Moniteur* du
4 ventôse).

que ; mais l'instruction proprement dite, l'absolution ou la condamnation n'appartiennent jamais qu'à la justice... Il est temps qu'on s'occupe de la sûreté des accusés, car on leur doit quelque chose, puisque ce sont des citoyens et des hommes... Si un citoyen inscrit sur la liste demande sa radiation, alors il s'établit un vrai litige, et un litige pour crime... Il faut donc une instruction contradictoire et un jugement. La radiation est donc non un acte administratif, mais une fonction judiciaire. » C'est au nom du principe de la division des pouvoirs, ce principe fondamental de la garantie sociale, que le rapporteur s'oppose de toutes ses forces à la résolution. « Celui qui exécute la loi, dit-il, ne peut être celui qui l'applique. Celui qui dénonce, ou qui du moins, par ses recherches, prépare les matériaux de l'accusation, ne peut être celui qui juge... Il serait à la fois le juge et la partie. » A ceux qui objectaient que les émigrés étaient hors la loi, hors la Constitution, il répond fort judicieusement : « Doit-on ranger dans la classe des émigrés ceux qui sont simplement *prévenus* d'émigration? La loi doit-elle précéder le jugement?... Si les vrais émigrés sont hors la Constitution, les citoyens simplement prévenus de ce crime ne doivent pas être mis HORS LA JUSTICE? » Portalis se récrie non moins vivement contre l'attribution de ces affaires au ministre de la police : « Un seul homme sera donc l'arbitre suprême du sort de cent mille familles en France? Quelle effrayante dictature ! L'établissement d'un juge unique est une chose monstrueuse dans une république, et même dans tout gouvernement modéré. Il y a, par la nature des choses, une incompatibilité évidente entre la manière dont les membres du Gouvernement et les ministres doivent suivre les affaires qui leur sont confiées, et la manière dont les tribunaux doivent vider les affaires contentieuses... Si les intérêts des prévenus d'émigration sont abandonnés à ce ministre, quelques commis, un seul même pourra devenir le juge unique d'une multitude de Français ; tout se traitera par les voies sourdes de la politique ; on pourra être jugé sans être entendu... »

Dans les conclusions de ce rapport mémorable, sur lequel nous nous arrêtons à dessein parce que c'est un des monuments qui honorent le plus la mémoire de Portalis, il dit bien haut : « NE DÉVIONS JAMAIS DES PRINCIPES. » Sainte et noble parole, qu'il eût pu prendre pour devise. « Les lois, ajoute-t-il, font de grands biens et de petits maux ; en suivant l'ordre constitutionnel, nous ne sommes pas responsables des inconvénients qui peuvent y être attachés ; mais nous répondons des attributions et des mesures arbitraires que la Constitution n'avoue pas. Personne ne peut se plaindre, quand l'égalité est conservée. Ce sont les exceptions qui oppriment et qui affligent. »

Ce rapport, qui ne parlait que le langage du droit et qui excluait la passion et l'injustice, souleva une véritable tempête au sein du Conseil des Anciens. Pour s'en faire une idée, il faut se reporter aux procès-verbaux

des séances, publiés par le *Moniteur* du temps (1). Les
nobles paroles du jurisconsulte ne pouvaient avoir d'é-
cho dans une Assemblée révolutionnaire, trop souvent
prévenue et passionnée. Un député s'écria qu'on venait
de débiter à la tribune nationale des maximes contre-ré-
volutionnaires. Belle réfutation, en vérité ! Un autre con-
jura le Conseil de « ne pas se laisser leurrer par les
écrivains qui prononcent sans cesse les mots de justice et
d'humanité, et ne parlent jamais de la république. » Les
efforts de Portalis furent impuissants : la résolution fut
votée ; mais il n'y a que plus de mérite pour le soldat du
droit et de l'équité d'avoir osé venir ainsi plaider cette
grande et sainte cause, d'autant plus que ce courage
n'était pas sans danger. Ce discours restera, car les principes qu'il renferme sont des maximes de droit public
et d'éternelle justice.

Une circonstance curieuse, qui prouve la fureur qu'ex-
cita ce rapport, c'est que l'impression même en fut re-
fusée : on se fonda sur ce qu'il n'était point écrit, et le
Conseil des Anciens décida qu'à l'avenir les rapporteurs
de ses commissions écriraient et liraient leurs rapports.
Les adversaires de Portalis espéraient par là l'exclure
des fonctions de rapporteur, car ils savaient que la faiblesse de sa vue l'empêchait d'écrire et de lire. Sa mémoire prodigieuse trompa leurs espérances : il dicta ses
rapports, et il les débitait ensuite à la tribune sans en
omettre une seule phrase.

(1) Numéros des 4 et 5 ventôse an IV.

Portalis ne se découragea point. Malgré le peu de succès qu'avaient eu ses généreux efforts sur la question des émigrés, il ne voulut point priver l'Assemblée de ses lumières. A la séance du 19 germinal an IV (1), il prit la parole pour appuyer la jonction des actes d'accusation de plusieurs prévenus du même délit ; il démontra que ce système ne choquait point la justice, et que seul il était conciliable avec l'ordre public et les nécessités de la répression.

Le vrai talent et les hautes qualités de Portalis ne pouvaient être méconnus du Conseil des Anciens, bien que les passions politiques se fussent violemment soulevées contre lui à l'occasion de son rapport sur les émigrés. A la séance du 1er messidor an IV (2), il fut élu président de l'Assemblée (3).

(1) 9 avril 1796 (*Moniteur* du 23 germinal).

(2) 19 juin 1796.

(3) « Je fus nommé secrétaire (du Conseil des Anciens) lorsque mon ami Portalis fut appelé à la présidence, — a dit le général Mathieu Dumas,—et j'eus de fréquentes occasions d'admirer son beau talent et sa prodigieuse mémoire. Sa cécité presque absolue le mettait dans l'impossibilité de lire et d'écrire : il n'en suivait pas moins tous les mouvements de l'Assemblée, maintenait l'ordre avec fermeté, et, connaissant la place de chaque membre dont il distinguait merveilleusement le son de voix, il ne commettait jamais la moindre erreur en accordant ou refusant la parole. Si la discussion était interrompue par l'arrivée d'un message du Conseil des Cinq-Cents ou du Directoire, il suffisait que je lui en fisse tout bas la lecture une seule fois pour qu'il répétât tout haut, en s'adressant à l'Assemblée, la résolution tout entière, quelque nombreux qu'en fussent les articles, sans en déranger la série, sans changer aucune expression. »

Il continua activement le cours de ses travaux législatifs. Dans un rapport présenté à la séance du 19 thermidor (1), il établit qu'on ne pouvait se pourvoir au
Tribunal de Cassation contre les décisions de la Haute-
Cour de justice. A la séance du 8 fructidor (2), il s'opposa
énergiquement à l'impression d'un discours du député
Creuzé-Latouche, discours rempli de violentes diatribes
contre le clergé. Le lendemain (3), il prononça un discours des plus remarquables pour faire repousser une
résolution dont le but était de ressusciter contre les
prêtres non assermentés les mesures les plus rigoureuses
et les plus arbitraires. L'idée de considérer la non-pres-
tation ou la rétractation du serment comme une preuve
que l'ecclésiastique insermenté conspire contre l'Etat ou
prêche la révolte, lui paraissait avec raison une absurdité
monstrueuse. Il déploya beaucoup d'éloquence et de
logique à l'appui de sa thèse ; et, s'adressant aux fougueux adversaires du clergé, il leur dit hautement :
« Voudrions-nous voir s'accomplir la prophétie de Jean-
Jacques Rousseau, qui disait que *si les philosophes
avaient jamais l'empire, ils seraient plus intolérants
que les prêtres?* » Cette fois, ses efforts furent couron-
nés d'un plein succès. La résolution fut rejetée à la presque unanimité. Vingt mille citoyens avaient intérêt à
voir rejeter cette résolution que le Conseil des Cinq-

(1) 6 août 1796 (*Moniteur* des 27, 28 et 29).
(2) 25 août (*Moniteur* du 14).
(3) Séance du 9 fructidor an IV (*Moniteur* des 15 et 16).

Cents avait déjà votée, et que l'éloquence de Portalis fit échouer au Conseil des Anciens.

Son rapport sur la résolution relative au Canal du Midi, présenté à la séance du 21 vendémiaire an V (1), prouve qu'aucune question, comme aucun genre d'études, n'était étrangère à ce vaste esprit. D'ailleurs, dans l'espèce, à côté du point de vue économique et industriel, une question de propriété était en jeu, et Portalis fut heureux de défendre les droits sacrés des copropriétaires non émigrés. Il les soutint avec l'ardeur de la conviction, mais ce fut en vain.

A la séance du 23 ventôse (2), il défendit, contre de nombreux adversaires, la contrainte par corps en matière civile, prouva qu'elle ne blesse en rien l'exercice des droits naturels, et qu'elle ne fait que sanctionner ce principe : que tout homme doit être fidèle à ses engagements. Il en justifia la nécessité pour garantir la sécurité des relations commerciales, fort différentes par leur rapidité des engagements civils, où règne d'ordinaire une sage lenteur. Il contribua plus qu'aucun autre, peut-être, à faire adopter la résolution qui rétablit la contrainte par corps dans notre législation.

Quelques jours après (3), il combattit sans succès la résolution qui exigeait des électeurs le serment de haine à la royauté : il soutint qu'elle ajoutait à la Constitution.

(1) 12 octobre 1796 (*Moniteur* des 26 et 28).
(2) 13 mars 1797 (*Moniteur* du 28).
(3) Séance du 29 ventôse (*Moniteur* du 5 germinal).

Un peu plus tard (1), il combattit encore une résolution relative aux délits de la presse : à cette occasion, il exposa toute sa théorie sur le droit de publier sa pensée. Elle se ramène à cette idée : que, dans le doute, on ne doit pas présumer l'abus. En vertu de ce principe, il s'opposa vigoureusement à la censure, et demanda, au lieu d'une loi spéciale sur la presse, une loi générale sur les injures verbales, gravées, écrites ou imprimées, et sur les libelles contraires aux lois et aux bonnes mœurs. C'est précisément ce système qu'est venue réaliser depuis la loi du 17 mai 1819. Portalis ajouta qu'en cette matière, il croyait surtout à l'efficacité des peines infamantes. Cette fois, sa parole obtint un plein succès : la résolution fut rejetée A L'UNANIMITÉ.

Toujours ennemi des lois d'exception, il avait combattu, mais en vain (2), une résolution relative à l'exécution de la loi du 3 brumaire an IV, loi de colère et de parti, qui établissait de nouveaux cas de suspension des droits de citoyen. Sans perdre courage, il vint, quelques mois après (3), présenter un rapport ayant pour but de faire déclarer non avenue la loi du 3 brumaire en ce qu'elle prononçait, d'une manière générale, l'exclusion des fonctions publiques contre les personnes inscrites sur les listes d'émigrés, leurs parents et alliés, etc. Il de-

(1) Séance du 9 floréal ; 28 avril 1797 (*Moniteur* des 16 et 17).

(2) Séance des 10 et 11 frimaire an V ; 30 nov. et 1er déc. 1796 (*Moniteur* des 12, 13 et 14).

(3) Séance du 9 messidor an V ; 27 juin 1797 (*Moniteur* du 16).

manda bien haut l'abrogation de ces « règlements qui s'obstinent à voir des suspects et des ennemis partout... Représentants du peuple, s'écria-t-il, ne soupçonnons pas arbitrairement les hommes, et nous réussirons à les rendre meilleurs... Voulons-nous étouffer les partis ? Abrogeons toutes les mesures qui indignent, multiplions celles qui font oublier. » Cet appel à la conciliation fut entendu : la résolution ainsi appuyée fut adoptée A L'U-NANIMITÉ.

Ami de l'ordre et de la sécurité, Portalis se prononça hautement en faveur de la résolution qui suspendait toutes les sociétés particulières s'occupant de politique, autrement dit les clubs (1). Suivant lui, ces sociétés, bonnes pour détruire, sont impuissantes pour conserver. Il y a, ajouta-t-il, une grande règle à suivre en matière d'administration. Quand une chose a plus d'avantages que d'inconvénients, elle doit être tolérée ; quand elle a plus d'inconvénients que d'avantages, il est de la sagesse du législateur d'en extirper jusqu'au germe. » Le Conseil ordonna l'impression du discours de Portalis, et approuva la résolution.

Notre orateur couronna cette partie de sa carrière par un admirable rapport en faveur des émigrés naufragés à Calais (2) : rapport qui prouve que le droit des gens ne lui était pas moins familier que toutes les autres bran-

(1) Séance du 7 thermidor ; 25 juillet 1797 (*Moniteur* du 11).
(2) Séance du 15 thermidor ; 2 août 1797 (*Moniteur* du 19).

ches du droit. La question était de savoir si des émigrés naufragés sur les côtes de France devaient subir les peines portées contre les émigrés rentrés en fraude des lois ou pris dans quelqu'une des circonstances déterminées par les lois. On pense bien que le rapporteur n'hésite pas à prendre, au nom du droit des gens et de l'équité naturelle, la défense de ces infortunés qui, depuis plus de dix-huit mois, attendaient en prison, avec la plus vive anxiété, qu'il fût statué sur leur sort. Il conclut à ce qu'ils soient réembarqués et rendus en pays neutre. « Les lois pénales, dit l'éminent jurisconsulte, ne peuvent être interprétées arbitrairement ; on ne doit point les entendre d'un cas à l'autre. On peut les adoucir, jamais les aggraver. Toute peine qui n'est point appliquée dans les termes précis de la loi, n'est qu'une violence de l'homme. Ce qui est vrai pour toute espèce de délits, l'est bien davantage lorsqu'il s'agit de délits politiques... Dans quelque hypothèse que ce soit, il ne peut y avoir de délit sans intention. Dans l'espèce, je ne vois point le crime, mais le cas fortuit ; je n'aperçois pas la volonté de l'homme, je ne vois que la loi du destin... On ne prend point un ennemi qu'un naufrage ou une tempête, qu'un élément aveugle vous livre sans défense. On n'a d'ailleurs sur l'ennemi que les droits qui naissent de la nécessité de la défense ou du succès des armes. On ne doit se permettre aucune violence inutile. On doit être humain dans les combats, généreux dans la victoire, et juste dans toutes les occurrences... Des hommes naufragés ne sont proprement justiciables d'aucun tribunal particulier ; il ne s'agit pas de les juger, mais de les secourir. Ils sont sous la garantie de la commisération universelle. L'Etat dans lequel ils prennent un asile forcé, en répond au monde entier. »

Ces généreux principes rencontrèrent partout sympathie. Le Conseil ordonna UNANIMEMENT l'impression du rapport, et adopta la résolution A L'UNANIMITÉ (1).

Ce ne fut pas le dernier triomphe de Portalis, bien que ce fut la dernière discussion à laquelle il put prendre part dans cette Assemblée. Le moment approchait où le Directoire allait prendre des mesures violentes contre les hommes dont la modération lui portait ombrage. Portalis ne pouvait manquer d'être compris dans les victimes de ce coup d'Etat. Pourtant, par une singulière fortune, sa voix se fit encore entendre au Conseil des Anciens, même après son exil. A la séance du 27 thermidor an V (2), il avait prononcé un rapport dans lequel il concluait au rejet d'une résolution relative au divorce pour cause d'incompatibilité d'humeur ; le Conseil avait ordonné l'impression du rapport et l'ajournement de la discussion. Celle-ci n'eut lieu qu'à la séance du 1er jour complémentaire an V. Or, dans l'intervalle, le coup d'Etat du 18 fructidor vint mutiler la représentation nationale :

(1) Toutefois le Directoire retint en prison les naufragés de Calais ; ils ne furent mis en liberté qu'à l'avénement du Gouvernement consulaire.

(2) 14 août 1797 (*Moniteur* du 1er fructidor).

on vit paraître au *Moniteur* du 20 fructidor (1) la décision qui ordonnait, sans autre forme de procès, que Portalis et cinquante-deux autres députés aux deux Conseils législatifs, en même temps que beaucoup de journalistes, seraient déportés. Les auteurs de ce coup d'Etat se fondèrent sur les craintes que leur inspirait ce qu'ils appelaient la contre-révolution... Cette mesure de proscription priva le Conseil des Anciens des lumières d'un de ses membres les plus éminents, de celui dont la noble voix n'avait jamais fait défaut aux causes justes. Lorsque, quelques jours plus tard, la question du divorce fut discutée (2), on plaça sous les yeux des législateurs le savant rapport de Portalis, où l'on trouve la plupart des considérations qu'il devait présenter plus tard dans le Discours préliminaire du Code civil et dans la discussion du Titre *du Divorce* au Conseil d'Etat. Tout en n'osant proscrire absolument le divorce dans l'état présent de la société, le rapporteur proclamait bien haut que « le vœu de la perpétuité dans le mariage est le vœu même de la nature »; que, par conséquent, il serait monstrueux que la simple allégation d'incompatibilité d'humeur, de la part d'un des conjoints, pût dissoudre le mariage. Le divorce ne doit jamais, suivant lui, être prononcé sans des causes graves et prouvées : les causes du divorce doivent être des in-

(1) 6 septembre 1797.

(2) V. *Moniteur* des 2, 3 et 4 vendémiaire an VI (23, 24 et 25 septembre 1797).

fractions manifestes au contrat. Les considérations touchantes et élevées auxquelles se livrait le rapporteur, firent impression ; et la résolution qu'il désapprouvait fut rejetée. Il n'est guère d'exemple, dans nos fastes législatifs, d'un succès *posthume* de ce genre.

III.

Portalis, étant parvenu à sortir de France avec un passe-port danois, se réfugia d'abord en Suisse, à Zurich, puis en Allemagne, au château d'Emckendorff, chez le comte Frédéric de Reventlau, ancien ministre du Danemarck dans plusieurs des grands Etats de l'Europe ; il y passa deux années (1). C'est dans cette retraite qu'occupé presque exclusivement de littérature et de philosophie, il composa son ouvrage sur *l'Usage et l'abus de l'esprit philosophique*, dont nous remettons l'examen à la fin de cette Etude. La révolution du 18 brumaire rouvrit au proscrit de fructidor les portes de la France (2). Il fut de retour à Paris le 13 février 1800.

(1) Le Directoire lui fit l'honneur de s'occuper de lui, jusque dans son exil. Par arrêté du 7 thermidor an VII, 25 juillet 1799 (*Moniteur* du 17), il décida que, comme Portalis ne s'était pas rendu à l'île d'Oléron, lieu désigné pour sa déportation, il serait assimilé aux émigrés, en vertu de la loi du 19 brumaire an VII.

(2) Par arrêté des consuls, rendu le 5 nivôse an VIII (27 déc. 1799), en vertu de la loi du 5 nivôse même année, Portalis fut autorisé à rentrer en France et à se rendre à Paris pour y demeurer *sous la surveillance du ministre de la police générale* (*Moniteur* du 6 nivôse).

Bonaparte le distingua tout de suite. Deux mois à peine après sa rentrée en France, Portalis était nommé par le Premier Consul commissaire du Gouvernement près le Conseil des prises (1). Lors de l'installation de cette juridiction spéciale, le 14 floréal an VIII, il prononça un discours dans lequel il exposa, avec cette hauteur de vues et cette magnificence de style qui lui étaient propres, les principes sur les droits de la guerre, de la course et de la neutralité. « Le droit de la guerre, dit-il, est fondé sur ce qu'un peuple, pour l'intérêt de sa conservation ou pour le soin de sa défense, veut, peut ou doit faire violence à un autre peuple. C'est le rapport des choses et non des personnes qui constitue la guerre ; elle est une relation d'Etat à Etat, non d'individu à individu. Entre deux ou plusieurs nations belligérantes, les particuliers dont ces nations se composent ne sont ennemis que par accident : ils ne le sont point comme hommes ; ils ne le sont même pas comme citoyens ; ils le sont uniquement comme soldats... Les nations neutres, tant qu'elles ne prennent aucune part à la guerre, doivent continuer à jouir de tous les avantages de la paix... Cette neutralité, qui est, en temps de guerre, le seul lien des relations sociales et des communications utiles entre les hommes, doit être religieusement respectée comme un vrai bien public... Gardons-nous, dans l'application de ce redoutable

(1) 14 germinal an VIII (5 avril 1800).

droit de la guerre, de méconnaître les traités, les coutumes consacrées par la conduite constante des nations, et les principes qui garantissent la souveraineté et l'indépendance des peuples... » Ce discours fut immédiatement traduit en plusieurs langues, et fit le tour de l'Europe, qu'il prédisposa à admettre les grands principes du droit des gens aujourd'hui universellement reconnus. Le 3 prairial suivant, le commissaire du Gouvernement prononça un remarquable réquisitoire sur le mode d'instruction des affaires de prises : réquisitoire qui fut aussitôt converti par le Conseil en arrêté réglementaire, encore aujourd'hui en vigueur.

Une tâche plus vaste allait s'ouvrir pour cette grande intelligence. Suivons-la dans la composition du corps de nos lois civiles.

Nous arrivons à l'œuvre capitale de Portalis, à une œuvre qui, à elle seule, suffirait certainement pour immortaliser son nom, et qui doit tenir la plus large place dans notre Etude : nous voulons parler de la part si considérable qu'il prit à la confection du Code civil. On sait que, depuis la Révolution qui avait fait de la France une vaste unité, qui avait brisé sans retour toutes les législations locales, toutes les coutumes particulières, une loi civile commune était devenue le vœu général de la nation. Dès 1790 (1),

(1) Séance du 5 juillet.

l'Assemblée Constituante décrétait que « les lois civiles seraient revues et réformées par les législateurs, et qu'il serait fait un Code général de lois simples, claires et appropriées à la Constitution »; et la Constitution de 1791 portait : « Il sera fait un Code de lois civiles communes à tout le-royaume. » Mais les Assemblées de la Révolution s'occupèrent trop de politique et de gouvernement pour trouver le temps de doter la France d'une législation civile. Au reste, on ne saurait trop se louer de ce qu'une aussi grande œuvre ait été remise à des temps plus calmes et plus propices, et l'on ne saurait trop s'étonner de la promptitude avec laquelle elle fut réalisée. Il va sans dire qu'il n'entre point dans notre plan de retracer ici en détail les phases diverses que subit la préparation du corps de nos lois civiles : nous devons nous borner à discerner et à mettre en lumière la part qu'y prit l'éminent jurisconsulte dont nous étudions les ouvrages. Déjà nous avons vu qu'il était merveilleusement préparé à ce travail par sa vie judiciaire et législative, par la connaissance approfondie qu'il avait acquise, dès sa jeunesse, des lois romaines, de l'ancien droit français et de l'ancienne jurisprudence, enfin par des études philosophiques très-étendues. Une mémoire prodigieuse et un rare talent de parole complétaient cet heureux ensemble de qualités et d'aptitudes.

Bien que les remarquables projets de Cambacérès aient été élaborés sous la Convention et le Directoire, avec une rapidité étonnante, c'est en réalité au Gouvernement consulaire, et tout particulièrement au Premier Consul, que revient l'honneur d'avoir résolùment mené à bonne fin le monument législatif destiné à régir la France, presque sans modifications, sous les nombreux pouvoirs qui allaient s'y succéder, et à rester debout presque seul au milieu des chûtes incessantes des Chartes et des Constitutions. Portalis, alors, comme nous l'avons vu, commissaire du Gouvernement près le Conseil des prises, fut appelé par les Consuls, avec Tronchet, Bigot–Préameneu et Maleville, à la haute mission de discuter et d'arrêter un projet définitif. L'acte qui décrète cette mesure porte la date du 24 thermidor an VIII (12 août 1800). On peut donc dire en toute vérité que le Code civil appartient au xixᵉ siècle.

Le 5ᵉ jour complémentaire de la même année (1), Portalis fut nommé par le Premier Consul Conseiller d'Etat, et fut attaché à la section de législation du Conseil, en même temps que Boulay de la Meurthe, chargé de présider cette section, Berlier, Emery, Réal et Thibaudeau (2). Dès lors il put se livrer, à peu près sans

(1) 22 septembre 1800.

(2) On sait que, lorsque le projet de Code arrêté par la Commission eût été communiqué au Tribunal de Cassation et aux tribunaux d'appel, la discussion eut lieu au Conseil d'Etat de la manière suivante : La section de législation examina chaque titre en présence des membres de la commission; puis la rédaction adoptée par la section fut imprimée, distribuée à tous les conseillers d'Etat, et discutée de nouveau dans l'assemblée générale du Consul, sous la présidence du premier ou du second Conseil. Chaque titre devait ensuite, après communication au tribunat, être soumis au Corps législatif.

partage, à la tâche que les Consuls venaient de lui confier. En quatre mois, le projet était achevé : l'impression
en fut terminée le 1er pluviôse an IX (21 janvier 1801) ;
et, le 4 thermidor (23 juillet), la discussion s'ouvrit au
Conseil d'Etat. Portalis eut l'honneur de présenter et de
commenter, dans son célèbre *Discours préliminaire*,
ce nouveau projet, si profondément différent de ceux
qui l'avaient précédé : il attacha ainsi son nom, d'une
manière indissoluble, au frontispice du monument.

Le Discours préliminaire du Code est un exposé général des principes et de l'esprit de la législation nouvelle. Il y règne constamment cette hauteur de vues,
cette vigueur de pensée, cette clarté d'expressions, ce
style soutenu sans être prétentieux, en un mot ces
qualités heureuses et solides à la fois qui distinguent
d'une manière si tranchée les discours de Portalis sur
le Code de tant de harangues d'apparat prononcées par
d'autres orateurs du Gouvernement chargés de présenter
certains titres au Corps législatif. Cette différence bien
saillante fait parfaitement ressortir la supériorité de
l'homme que nous étudions : aussi trouvons-nous pleinement justifiée la place que lui assigne M. Troplong
dans ces discussions mémorables, à savoir : le premier
rang après Napoléon lui-même (1) ; et nous comprenons

(1) « Après le Premier Consul je place M. Portalis. » (M. Troplong, *Jugement critique sur les travaux préparatoires du Code civil;*
dans la Préface du Commentaire de la *Vente*, nº 4.)

Un peu plus loin, il est vrai, M. Troplong se plaint fort amèrement des

à merveille que l'illustre commentateur, si sévère en général pour les *Travaux préparatoires*, n'hésite pas à appeler Portalis « le plus philosophe des jurisconsultes qui prirent part à la confection du Code. » Il a été, suivant l'heureuse expression de M. Sainte-Beuve (1), « l'oracle du Conseil d'Etat de 1800. » A côté de tant d'autres qui parlaient pour parler, parce qu'il fallait, après tout, dire quelque chose, et qui, dans leurs longues tirades, abusaient si souvent des lieux communs, des comparaisons sans portée, de la phraséologie creuse et plus ou moins sonore, notre orateur ne parle qu'avec une sage réserve, pour exprimer ses convictions dans un langage ferme et droit, sobre d'images et de comparaisons, mais riche en idées judicieuses et en aperçus féconds. En lisant ce Discours préliminaire, que l'Europe a admiré, nous songions naturellement au *Traité des Loix* que le savant et consciencieux Domat a placé en tête de son beau livre des *Loix civiles* ; et nous retrouvions chez Portalis le même bonheur d'expressions, la même puissance de conceptions et de vues d'ensemble, la même rigueur de logique, surtout la même honnêteté de cœur, la même sincérité de conviction, avec plus

vaines déclamations dont sont remplis les discours de présentation au Corps législatif, et il n'en excepte pas assez complétement ceux de Portalis, qui certes ne méritent guère ce reproche. Le savant commentateur l'a compris lui-même, et il a écrit tout exprès une note pour modifier spontanément la portée du jugement trop sévère et surtout trop général qu'il avait d'abord émis.

(1) *Causeries du lundi*, 2e éd., t. V. p. 348.

d'éloquence et de majesté dans le style. C'est bien là l'introduction simple et grave qu'il fallait à la loi qui allait régir le XIXe siècle, et l'on a eu mille fois raison de dire que le Code en tête duquel ce Discours est placé, est une œuvre éminemment spiritualiste.

Que d'axiômes excellents et éternels dans ces pages dont la lecture devrait toujours précéder l'étude du Code, et que nos étudiants devraient apprendre par cœur avant de se jeter, comme ils font, dans l'étude trop exclusivement exégétique de chaque article : car alors ils se pénétreraient de l'esprit de la loi, au lieu de s'en tenir à la lettre ; ils en auraient le commentaire légal et officiel, au lieu des opinions personnelles des auteurs de manuels. « Les lois, dit Portalis, ne sont pas des actes de puissance ; ce sont des actes de sagesse, de justice et de raison. Le législateur exerce moins une autorité qu'un sacerdoce (1). » On ne saurait mieux dire, ni mieux définir la mission du premier pouvoir de la société. Heureuses les nations qui voient de tels prin-

(1) *Discours, rapports et travaux inédits sur le Code civil*, par J.-E.-M. Portalis ; publiés par M. le Vte Frédéric Portalis ; Paris. Joubert, 1844. Page 4.

Nous nous sommes servi, pour notre travail, de cet ouvrage en même temps que du *Recueil complet des travaux préparatoires du Code civil*, publié par P.-A. Fenet ; Paris, 1828, 15 volumes in 8o. Lorsque nous renverrons à ce dernier ouvrage, nous le désignerons par ce seul mot : *Fenet*. Lorsque nous renverrons au volume publié par M. Frédéric Portalis, nous le désignerons par ces mots : *Discours sur le Code*.

cipes inscrits en tête de leurs codes ! Si les législateurs avaient toujours eu ces règles présentes devant les
yeux, ils se seraient plus préoccupés de leurs devoirs et
de leur responsabilité que de leurs droits et de leur puissance, et notre histoire aurait moins de pages à voiler !

Ailleurs, Portalis a donné cette belle définition, ins-
pirée par le même esprit : « La législation et la jurisprudence sont comme les canaux par lesquels les idées
du juste et de l'injuste coulent dans toutes les classes
de citoyens (1). »

Ecoutons-le traçant d'une main sûre le juste milieu
auquel il faut savoir s'arrêter en matière d'innovations.
« Il faut, dit-il, être sobre de nouveautés en matière de
législation (2)... Les Codes des peuples se font avec le
temps ; mais, à proprement parler, on ne les fait pas
(3). » Excellente réponse à ceux qui n'ont pas craint de
reprocher aux rédacteurs de notre Code d'avoir trop
emprunté aux anciens auteurs, au droit coutumier et au
droit romain. Mais voici le correctif, qui les a aussi ins-
pirés. « Il faut changer, dit plus loin Portalis, quand la
plus funeste des innovations serait pour ainsi dire de ne
pas innover. On ne doit point céder à des préventions
aveugles. Tout ce qui est ancien a été nouveau. L'essentiel est d'imprimer aux institutions nouvelles ce caractère

(1) Exposé des motifs du titre de la Vente. *Discours sur le Code*, page 274.

(2) *Discours sur le Code*, page 5.

(3) *Ibid.*, page 15.

de permanence et de stabilité qui puisse leur garantir le droit de devenir anciennes (1). » Et ailleurs encore : « Les règles que nous avons posées... sont conformes à ce qui s'est pratiqué dans tous les temps. Nous n'avons changé ou modifié que celles qui n'étaient plus assorties à l'ordre actuel des choses, ou dont l'expérience avait montré les inconvénients (2). » N'est-ce pas cette fusion entre un sage esprit de conservation et les idées nouvelles de réformes acceptables que le Code civil a heureusement réalisée, et n'est-ce pas surtout à ce caractère qu'il doit le privilége d'être devenu en quelque sorte la législation modèle de l'Europe, et bien certainement la

(1) *Discours sur le Code,* page 48.

(2) *Discours sur le Code,* page 20. — Ces paroles de Portalis répondent suffisamment au reproche que semble lui adresser M. Troplong (*loc cit.*) d'avoir été le chef d'une section du Conseil d'Etat *ayant une tendance rebelle aux innovations* et hostile à l'esprit révolutionnaire. On voit dans quelle limite et sous quelle réserve Portalis a été rebelle aux innovations. Quant à l'esprit révolutionnaire, il ne s'agit que de s'entendre sur le sens de ce mot. Si l'on veut dire que Portalis rejeta fermement tout ce qu'il y avait d'excessif et d'inconsidéré dans les œuvres de la Révolution, qu'il rompit franchement avec certaines idées des projets de code publiés sous la Convention, — notamment avec celles qui assimilaient les enfants naturels aux enfants légitimes, qui permettaient la dissolution du mariage par la volonté d'un seul des époux, qui apportaient des restrictions excessives au droit de tester, etc., — on aura raison sans doute, et c'est là une gloire pour lui. Mais il sut discerner dans les idées nouvelles celles qui étaient conformes à l'éternelle justice, et les faire passer dans la législation dont, plus que tout autre peut-être, il contribua à doter notre pays.

plùs répandue aujourd'hui? Mais si cette fusion habile
put être accomplie, n'est-ce pas surtout grâce à l'influence de Portalis ; et ne fallut-il pas, pour la réaliser,
sa science profonde de l'ancien droit unie à la modération de son esprit et à la sûreté de son jugement?

Il apprécie avec infiniment de justesse la législation
romaine, trop vantée par les uns, trop décriée par les
autres. Son sentiment, qui crée une distinction essen-
tielle, fondamentale entre les diverses parties de cette
législation, mérite de devenir sur les lois de Rome l'ap-
préciation définitive de l'impartiale postérité. Le voici :
« La plupart des auteurs qui censurent le droit romain
avec autant d'amertume que de légèreté, blasphèment
ce qu'ils ignorent. On en sera bientôt convaincu si,
dans les collections qui nous ont transmis ce droit, on
sait distinguer les lois qui ont mérité d'être appelées *la
raison écrite*, d'avec celles qui ne tenaient qu'à des institutions particulières, étrangères à notre situation et à
nos usages ; si l'on sait distinguer encore les sénatus-
consultes, les plébiscites, les édits des bons princes d'a-
vec les rescrits des empereurs, espèce de législation
mendiée, accordée au crédit ou à l'importunité, et fabri-
quée dans les cours de tant de monstres qui ont désolé
Rome, et qui vendaient publiquement les jugements et
les lois (1). »

Avec quelle sagacité notre auteur venge, en quelques

(1) *Discours sur le Code*, page 19.

mots, le prêt à intérêt, dont il n'a pas de peine à démontrer la légitimité, faisant ainsi faire un pas immense à la loi française ! Avec quelle justesse de vues il trace, dans les paroles que nous pourrions appeler prophétiques, de sages limites aux exigences du fisc en matière d'enregistrement !

Les idées émises par Portalis sur le mariage et sur l'éducation des enfants sont des idées juridiques sans doute, mais qui partent du cœur autant que de l'esprit, et certes elles n'y perdent rien. Elles sont exprimées avec une grâce touchante, et ne pouvaient émaner que d'un tel époux et d'un tel père... Mais nous touchons ici au plus grave reproche qu'on ait pu faire à l'homme dont nous étudions la vie. Quoi ! dans une législation qui a la prétention d'être spiritualiste et morale, admettre le divorce ! Cela paraît aujourd'hui à bien des gens impardonnable et monstrueux. Mais, qu'on daigne ne pas l'oublier, il y aurait anachronisme et iniquité à juger ce qui se passa alors, sans tenir compte de l'espace de plus de cinquante années qui nous sépare de la confection du Code. Pouvait-on, au sortir d'une révolution radicale qui avait détruit les autels, proscrit et persécuté le clergé, proclamé le culte de la Raison et admis la théophilanthropie ; pouvait-on, dans un temps où le nom de Dieu prononcé devant l'Académie avait soulevé des tempêtes, se poser nettement sur le terrain de la pure doctrine catholique, et effacer le divorce des lois ? Nous disons l'effacer des lois : car, on voudra bien le remarquer, il ne s'agissait point de l'y introduire, et certes Portalis ne l'eût point fait. Remarquons bien comment il pose la question (1) : « Le mariage, dit-il, est un contrat perpétuel par sa destination. » Voilà le principe nettement formulé. Il ajoute : « Des lois récentes autorisent le divorce ; faut-il maintenir ces lois ? » Il répond que la situation de la France, où la liberté absolue des cultes était alors en vigueur, ne semble pas permettre de les abroger absolument et complétement. « En admettant le divorce, a-t-il grand soin de dire, le législateur n'entend point contrarier le dogme religieux de l'indissolubilité, ni décider un point de conscience... Tant que la religion catholique a été dominante en France, tant que les institutions religieuses ont été inséparablement unies avec les institutions civiles, il était impossible que la loi civile ne déclarât pas indissoluble un engagement déclaré tel par la religion, qui était elle-même une loi de l'Etat... Aujourd'hui la liberté des cultes est une loi fondamentale, et la plupart des doctrines religieuses autorisent le divorce (2). » Certes, si Portalis eût assez vécu pour voir proclamer dans la Charte de 1814 que la religion catholique redevenait en France la religion de l'Etat, logique et religieux comme il l'était, il eût été des premiers à applaudir à la loi abolitive du divorce, et peut-être eût-il tenu à en faire lui-même la proposition ; lui

(1) *Discours sur le Code*, page 26.

(2) *Ibid.*, page 30.

qui avait eu le courage de répondre au Premier Consul, trouvant excessives les entraves qu'il voulait apporter au divorce : « *Si nous avions affaire à un peuple neuf, je ne l'établirais pas* (1). »

Le droit naturel ne suffit pas pour proscrire le divorce, si dangereux qu'il soit : les législations païennes sont là pour le prouver. Est-il besoin d'ajouter que le christianisme, interprété par le protestantisme, ne suffit pas non plus; et n'en avons-nous pas toujours le vivant exemple sous nos yeux, dans les pays protestants ? Il faut le catholicisme, l'Eglise romaine pour cimenter la sainte indissolubilité du mariage, qui ne saurait tomber que devant la mort. Les faits le démontrent plus éloquemment que toutes les phrases. C'en est assez pour laver Portalis du reproche qu'on pourrait être tenté de lui adresser sur ce point. Il n'était pas maître de devancer son temps, mais il en était digne.

En effet, quelles entraves légales n'introduit-il pas en matière de divorce ? Il ne veut plus qu'on le prononce sans causes vérifiées et justifiées ; il fait repousser le divorce pour simple incompatibilité d'humeur ; il subs-

(1) Conseil d'Etat, séance du 14 vendémiaire an X. V. l'extrait des Mémoires de Thibaudeau sur le Consulat, rapporté par *Fenet*, t. IX, page 260.

Nous avons entendu avancer par un professeur de philosophie, dans un cours public, que c'était sur la demande de Portalis que M. de Bonald avait composé son bel ouvrage contre *le Divorce*. Mais il nous a été impossible de découvrir la preuve de cette assertion. Toutefois le fait peut parfaitement être exact, et il ne nous surprendrait pas.

titue, pour juger ces affaires si délicates, les tribunaux ordinaires aux conseils de famille trop complaisants. Il résume lui-même ainsi tout son dessein : « En général, notre but, dans les lois projetées sur le divorce, a été d'en prévenir l'abus, et de défendre le mariage contre le débordement des mœurs (1). »

Il propose, pour ces sortes de causes, un mode d'instruction et de débats que nous voudrions voir adopter aujourd'hui par le législateur pour les procès en séparation de corps (2). « Toutes les questions de divorce, dit-il, doivent être traitées à huis clos, si l'on veut qu'elles le soient sans scandale. « N'y a-t-il pas un *à fortiori* évident pour les simples séparations de corps? Eh quoi! tandis que le divorce séparait pour jamais les deux époux, les séparations ne rompent plus le lien conjugal, elles le relâchent seulement :· la loi, dans son esprit, désire la réconciliation, et le législateur ne voit pas que des discussions amères, étalant les griefs réciproques des époux et les plus intimes secrets de famille en face d'un auditoire avide d'émotions et de scandales et devant l'immense public des journaux judiciaires, est de nature à rendre presque toujours impossible un rapprochement! C'est là une question de haute moralité, qui intéresse au plus haut point les mœurs publiques ; et nous croyons ne pouvoir rendre ici un meilleur hommage à la mé-

(1) *Discours sur le Code*, page 57.
(2) Toutes les fois du moins qu'une des parties le requerrait.

moire de Portalis, qu'en recommandant de tout notre pouvoir son vœu si sage à nos législateurs. Espérons qu'un jour nous verrons passer dans nos lois une si heureuse et si salutaire réforme.

Ce n'était pas assez pour Portalis d'avoir posé les fondements du grand œuvre : il fallait en suivre l'enfantement, et contribuer plus que tout autre à le mener à terme. Ce fut lui qui, tout d'abord, se chargea de répondre aux diverses observations proposées contre le projet du Code civil (1). Ce projet avait été communiqué au Tribunal de Cassation et à tous les tribunaux d'appel de France, afin d'avoir leurs avis motivés. De plus, il avait paru sur le projet divers écrits, dont plusieurs très-virulents, les uns sous la forme de l'anonyme, les autres avec nom d'auteur. L'*Examen des observations* porte uniquement sur les doutes élevés au sujet des principes généraux que les rédacteurs avaient pris pour base de leur travail, et n'a pour but que de repousser les objections dirigées contre l'ensemble du projet. Les objections de détail sont naturellement réservées pour la discussion successive des divers titres.

Le sage Portalis combat les opinions excessives, exagérées, et il pose ce principe éminemment vrai, qui l'a constamment guidé durant toute sa vie : « La découverte des choses vraies et utiles est ordinairement la récompense des caractères modérés et des bons esprits. »

(1) *Discours sur le Code*, page 65.

Il répond à ces esprits aigris, aux yeux desquels la France, depuis la Révolution, *n'était plus une société*; et il n'a pas de peine à faire ressortir avec une véritable éloquence, avec une spirituelle ironie, qu'une nation n'a pas besoin, pour exister, d'être une monarchie ni de reposer sur les priviléges. Un critique (1) s'était plaint de ce que le projet de Code civil n'était *qu'un simple recueil composé des débris du droit romain, des ordonnances des rois, des coutumes anciennes et des nouvelles lois.* « Tant mieux, s'écrie Portalis ; les rédacteurs du projet mériteraient de grands reproches si l'on ne trouvait rien de cela dans leur ouvrage... Ils n'ont eu garde de répudier le riche héritage que la nation a reçu de ses pères. Ils se sont fait au contraire un devoir religieux de recueillir avec soin, dans les lois anciennes, tout ce qui peut être adapté à nos mœurs et à l'ordre présent de toutes choses (2)... Leur doctrine est qu'il faut conserver tout ce qu'il n'est pas nécessaire de détruire (3). » Nous nous arrêtons volontiers à ces citations, parce qu'elles nous paraissent merveilleusement propres à révéler l'esprit de la législation nouvelle qui régit notre patrie. Portalis démolit une à une, avec l'arme du ridicule, qu'il manie très-finement et très-ingénieusement, les objec-

---

(1) L'implacable M. de Montlosier. Il y a plaisir à voir l'esprit droit et calme de Portalis aux prises avec ce brouillon mécontent et entêté, dont on peut dire qu'il n'avait rien oublié et rien appris.

(2) *Discours sur le Code,* page 68.

(3) *Ibid.,* page 75.

tions du critique auvergnat sur le mariage, la puissance paternelle, la propriété et les successions. Montlosier censurait pour le plaisir de censurer ; or, comme le dit fort bien notre auteur : « Il est très-difficile de rédiger un Code et très-aisé de le critiquer (1). » Répondant à ceux qui se demandaient si le projet présenté embrassait tout ce qu'il devait comprendre, Portalis met en lumière l'objet propre d'un Code civil, qui est « de régler les intérêts particuliers des citoyens ; » et il fait ressortir l'utilité qu'il y a à le séparer du Code politique, « de manière qu'on puisse changer les lois politiques sans toucher aux lois civiles (2). » N'était-ce pas prévoir l'avenir, et n'est-ce pas à cette sage précaution que la France est redevable d'avoir conservé sous tous les régimes l'œuvre du conquérant que l'Europe coalisée devait renverser du trône peu d'années après la promulgation de ces lois admirables qui suffiraient pour immortaliser son nom ?

Portalis avait fait précéder le projet de Code d'un Livre préliminaire intitulé : *Du Droit et des Lois* (3).

(1) *Discours sur le Code*, page 85.

(2) Le jurisconsulte explique que, dans l'ère moderne qui a consacré la division des pouvoirs comme la première condition d'un gouvernement libre, la division des codes est une conséquence logique de la distinction des idées et des principes ; et il indique, sous ce rapport, la supériorité des nations modernes sur les peuples anciens, chez lesquels l'ordre civil se confondait entièrement avec l'ordre politique.

(3) Ce projet de Livre préliminaire a été publié dans les *Discours sur le Code*, page 506.

Ce livre, divisé en six titres, contenait des définitions générales et des énonciations de principes sur le droit envisagé sous ses différents rapports, sur la coutume, sur les lois, leur division, leur publication, leurs effets, leur application, leur interprétation, leur abrogation. Ce résumé de principes légaux parut peut-être un peu trop métaphysique, un peu trop abstrait aux praticiens du Conseil d'Etat, qui ne voulurent pas qu'un code de droit privé s'ouvrît par ces formules générales applicables à tous les codes et à toutes les lois. C'est sans doute par ce motif qu'il disparut du Code. A la séance du 28 messidor an IX, à laquelle assistait le Premier Consul, il fut arrêté que les dispositions du Livre préliminaire *qui appartenaient à la législation* seraient rédigées en un seul projet de loi ; et il ne subsista du Livre préparé, qui ne contenait pas moins de trente-neuf articles, que les six articles formant aujourd'hui le Titre préliminaire. Sans s'opposer à ce qu'on découronnât ainsi l'œuvre, Portalis reconnut, dans le discours de présentation du Code civil au Corps législatif, que « tout ce qui est définition, enseignement, doctrine, est du ressort de la science, tandis que tout ce qui est commandement, disposition proprement dite, est du ressort des lois (1). » Ce discours de présentation abrége et résume le discours préliminaire, en le complétant sur certains points, et venge en quelques mots le nouveau Code des reproches généraux qui lui avaient été adressés.

(1) *Discours sur le Code*, page 100.

La part prise par Portalis aux discussions du projet dans le sein du Conseil d'Etat fut des plus actives. Il était à toutes les séances et prenait souvent la parole, toujours avec un discernement et une sûreté de vues qui ne se démentirent jamais. C'est qu'à un jugement droit et à une science solide et profonde il unissait un talent d'improvisation vraiment remarquable, dont il avait si souvent donné des preuves éclatantes au barreau et au Conseil des Anciens. Celui qui, dans sa jeunesse, n'avait pas été embarrassé en face de Mirabeau, ne pouvait l'être en présence de personne ; et c'était toujours avec calme et convenance qu'il discutait les opinions de tous, même du Premier Consul. La constante modération de Portalis persuadait plus que la fougue n'eût pu le faire, et obtenait des triomphes que n'auraient remportés ni l'ardeur ni la véhémence de langage.

Ne pouvant ici suivre pas à pas ce grand esprit dans tous les détails où le conduisirent les discussions, nous voudrions au moins faire ressortir sur chaque matière les points les plus saillants de ses exposés de motifs et de ses opinions. C'est le seul moyen d'arriver à mettre en lumière la véritable part qui lui revient dans la confection de nos lois.

On connaît les difficultés qui entravèrent le vote des premiers Titres du Code, et le moyen radical que le Gouvernement employa pour faire cesser l'opposition que le Tribunat était parvenu à faire prévaloir jusqu'au sein du Corps législatif. Portalis avait d'abord essayé de

lutter contre ce mauvais vouloir, qui eût encore une
fois fait échouer l'œuvre si une volonté ferme n'y eût
coupé court par un moyen peu constitutionnel, il est
vrai, mais auquel on dut de pouvoir poursuivre la tâche
commencée. Le discours par lequel Portalis réfuta les
innombrables objections lancées contre le Titre, si inof-
fensif au fond comme en apparence, qui traite de la Publication et de l'Application des lois, est un modèle de
discussion serrée et solide ; mais que peuvent les meilleures raisons contre l'hostilité systématique ? Voici
comment le Premier Consul avait apprécié cette ingé-
nieuse défense du Titre préliminaire contre les puériles
objections du Tribunat : « Portalis ne leur a rien laissé
« à dire, *il leur a arraché les dents.* Mais quelque élo-
« quent qu'on soit, parlât-on vingt-quatre heures de
« suite, on ne peut rien contre une assemblée prévenue,
« qui est résolue à ne rien entendre (1). » L'élimination
de nombreux membres du Tribunat et le système des
communications officieuses permirent la continuation du
Code ; et ce fut encore Portalis qui apporta au Corps
législatif la rédaction définitive du Titre préliminaire,
arrêtée par le Conseil d'Etat après communication offi-
cieuse au Tribunat ; ce Titre se compose de maximes
qui sont comme les prolégomènes de tous les codes. A
propos des lois réelles, il fait observer que les lois d'un

(1) M. Thiers, *Histoire du Consulat et de l'Empire,* t. III, page
351.

Etat régissent même les immeubles appartenant à des étrangers, et que ce principe dérive de ce que les publicistes appellent le *domaine éminent du souverain*. Mais, craignant aussitôt qu'on n'abuse, comme on l'a fait trop souvent, du sens quelque peu équivoque de cette expression, il s'empresse d'ajouter : « Point de méprise sur les mots *domaine éminent* ; ce serait une erreur d'en conclure que chaque Etat a un droit universel de propriété sur tous les biens de son territoire. Les mots *domaine éminent* n'expriment que le droit qu'a la puissance publique de régler la disposition des biens par des lois civiles, de lever sur ces biens des impôts proportionnés aux besoins publics, et de disposer de ces mêmes biens pour quelque objet d'utilité publique, en indemnisant les particuliers qui les possèdent. Au citoyen appartient la propriété, et au souverain l'empire (1). » Plus loin, l'orateur précise à merveille le point où l'équité naturelle du juge doit venir, dans les matières civiles seulement, et jamais dans les matières criminelles, suppléer au silence du législateur, qui ne peut tout prévoir ; et il marque non moins bien où ce pouvoir s'arrête. Ses paroles sont un excellent résumé des devoirs du magistrat.

C'est dans la discussion des Titres relatifs aux *Personnes*, et surtout dans celle du Titre *du Mariage*, que Portalis déploya toutes ses ressources oratoires et juridiques. Il prit bien des fois la parole pour ramener la dis-

---

(1) *Discours sur le Code*, page 156.

cussion qui s'égarait, pour faire entendre la voix de la raison et des principes. Il fit repousser l'action en dot, qu'admettait la législation des pays de droit écrit, tandis que celle des pays coutumiers l'avait rejetée. Il craignait que cette action ne portât une atteinte grave et inutile à la puissance paternelle, au détriment des mœurs publiques. Une telle action, en effet, jetterait la perturbation dans les familles, et les esprits sages ne peuvent qu'applaudir à la disposition que Portalis a fait prévaloir dans nos lois.

De tous les exposés de motifs dont fut accompagnée la présentation des diverses parties du Code au Corps législatif, le plus remarquable est peut-être celui qui amena l'adoption du Titre *du Mariage*. Cette matière revenait de droit à notre auteur, qui avait fait de cette grande question, au point de vue législatif, l'objet d'études particulières dans lesquelles son esprit et son cœur semblaient se complaire. « Les mariages, dit-il, sont de toutes les actions de la vie celles desquelles dépend le bonheur ou le malheur de la vie entière des époux, et qui ont une plus grande influence sur le sort des familles, sur les mœurs générales et sur l'ordre public. » Il justifie, avec une vigueur de logique irréfutable, le droit qu'ont les parents d'être consultés par leurs enfants sur les mariages que ceux-ci projettent, et la nécessité absolue de leur autorisation dans le cas où l'âge trop peu avancé des enfants a besoin d'une tutelle qui est de droit naturel, on peut dire de droit divin. Il tient essentiellement à ne pas placer, dans la législation, les enfants naturels sur la même ligne que les enfants légitimes ; mais il veut que, comme ces derniers, ils recourent à l'autorité du père qui les aura reconnus, lorsqu'ils voudront contracter mariage. Le cœur de l'orateur trouve des paroles pleines d'élévation et d'éloquence lorsqu'il parle de l'autorité paternelle, « du culte dû par la piété filiale au caractère de dignité et de majesté que la nature elle-même semble avoir imprimé à ceux qui sont pour nous, sur la terre, l'image et les ministres du Créateur (1). » Ailleurs il ajoute : « Les pères et les aïeuls sont toujours magistrats dans leurs familles (2). »

Après avoir établi que « l'acte le plus doux doit encore être l'acte le plus libre (3), » il esquisse le tableau des maux qu'engendrerait la polygamie dans nos sociétés ; et il justifie, au nom de l'honnêteté publique, les prohibitions portées par la loi contre les mariages entre proches parents : « La famille est le sanctuaire des mœurs (4). » Il pose avec énergie le principe de la publicité qui, en fait, n'est pas toujours assez observé. Rapportons ses paroles : « La célébration du mariage doit être faite *en présence du public*, dans la maison commune... Rien ne doit être caché dans un acte où le public même à certains égards est partie, et qui donne une nouvelle fa—

(1) *Discours sur le Code*, page 173.
(2) *Ibid.*, page 184.
(3) *Ibid.*, page 173.
(4) *Ibid.*, page 175.

mille à la cité... L'officier civil n'a aucun pouvoir personnel de changer le lieu, ni de modifier les formalités
de la célébration (1). »

Il nous semble opportun d'appeler l'attention sur les
considérations par lesquelles Portalis s'élève avec tant de
raison contre « ces spéculations combinées avec tant
d'art, dans lesquelles, en fait de mariage, on s'occupait
de tout, excepté du bonheur (2). » Il croit qu'elles ne
sont plus à craindre aujourd'hui... Il est vrai qu'en parlant ainsi il avait surtout en vue les projets de mariages
que l'orgueil d'autrefois flétrissait du nom de mésallian-
ces, et il pensait que les principes d'égalité amèneraient
la liberté des mariages, sans que la dignité des condi-
tions eût à en souffrir. Ah ! que n'eût-il pas dit s'il avait
été témoin des mariages par spéculation, des mariages
d'argent, comme on dit, qui sont devenus la plaie de
notre époque et qui, nous le constatons en le déplorant,
sont à peu près la règle aujourd'hui. Lui qui comprenait
si bien que le fondement du plus sacré des contrats
devait être l'affection réciproque, la sympathie, il se fût
élevé, de toute l'énergie de son âme, contre un état de
choses qui ne permet pas de s'étonner du nombre vraiment effrayant des demandes en séparation de corps.
C'est, nous le croyons, entrer tout à fait dans l'esprit de
l'homme éminent qui fait l'objet de cette Etude, que de

(1) *Discours sur le Code*, pages 181, 188.
(2) *Ibid.*, page 185.

flétrir, en son nom, et abrité derrière son autorité, une des causes les plus actives de dissolution ou tout au moins de décadence des sociétés. Si le mariage n'est plus qu'un marché, qu'une société quasi-commerciale, que deviendra la famille? Et déjà, qu'est-elle devenue pour beaucoup ?

Nous regrettons de trouver dans la bouche d'un homme qui a si bien parlé du mariage et de la famille cette pensée malheureusement trop commune : que l'infidélité de la femme suppose plus de corruption que celle du mari. L'époux qui oublie ses devoirs et ses serments ne donne-t-il donc pas à sa compagne l'exemple flagrant du mépris des obligations les plus saintes ? L'épouse ainsi outragée n'apprend-elle pas, de celui qui avait juré de la protéger et de l'aimer, à violer ses propres serments? Aux yeux de la loi morale comme devant la loi religieuse, la culpabilité est la même, si elle n'est pas plus grande de la part du sexe le moins faible et le plus maître de lui-même. Il eût été digne de Portalis de s'élever contre le préjugé,— disons le mot,— qui stigmatise l'épouse coupable et n'a que de l'indulgence pour l'époux infidèle (1).

(1) Notre Code pénal a tristement suivi les errements contre lesquels nous protestons ici, au nom de la conscience et de la saine morale. Sans doute, c'est avec raison qu'il punit l'adultère de la femme, *en quelque lieu qu'il soit commis*. Mais, en vérité, n'est-il pas scandaleux qu'il ne prononce AUCUNE PEINE contre le mari qui se rend adultère hors du domicile conjugal, et qu'il ne frappe que d'une

La discussion du Titre *du Divorce* est certainement une des plus intéressantes qui se produisirent au sein du Conseil d'Etat. Portalis, qui, nous l'avons déjà dit, n'avait d'autre but que de restreindre les déplorables abus auxquels donnaient lieu les lois de la Révolution sur cette matière, repoussait avec la plus grande énergie, comme il l'avait déjà fait au Conseil des Anciens (1), le divorce pour simple allégation d'incompatibilité d'humeur ; il s'opposait aussi à l'admission du divorce par consentement mutuel. Ce grand esprit, ce catholique éclairé et sincère avait, sur la sainteté et l'indissolubilité du mariage, des vues bien autrement élevées que la

SIMPLE AMENDE celui qui souille le sanctuaire de la famille en y entretenant une concubine, sous les yeux de sa femme et de ses enfants ! ! C'est en quelque sorte autoriser le mari à donner impunément chez lui l'exemple de l'immoralité, puisqu'il peut en être quitte avec quelques écus. Et si ce mari prudent installe sa concubine en face de sa maison, il échappera à toute pénalité, et pourra ainsi se donner le plaisir d'outrager sa femme légitime, sans que la loi répressive y trouve à redire. Est-ce juste ? Est-ce moral ? Le mariage, que Portalis appelle avec raison « le contrat le plus sacré, le plus inviolable, la plus sainte des institutions » (*Discours sur le Code*, page 206), ne devrait-il pas être plus efficacement protégé par le législateur? C'est encore Portalis qui a dit : « L'essentiel est qu'il y ait assez de mœurs pour la prospérité des mariages. C'est à quoi le législateur doit pourvoir par la sagesse de ses règlements » (*Discours sur le Code*, page 208). Tel est justement le vœu que nous nous permettons d'exprimer bien haut, car nous croyons que la réforme de l'art. 339 du Code pénal dans le sens d'une équitable sévérité, serait une des meilleures innovations que notre législateur pût réaliser.

(1) V. ci-dessus, page 43.

plupart de ses collègues ; et il ne craignit pas, à cette occasion, de répondre avec une respectueuse fermeté au Premier Consul lui-même (1). En lisant cette mémorable discussion, on sentira combien il eût été impossible, à cette époque, de venir proposer *de plano* l'abolition pure et simple du divorce : c'eût été provoquer d'inutiles tempêtes, qui probablement auraient abouti à un résultat plus désastreux que le système mixte consacré par le Code de 1803. Il valait mieux jeter à la mer une partie de la cargaison, que de perdre le navire tout entier... On s'arrêta donc à une transaction, peu satisfaisante sans doute au point de vue des principes, mais c'était encore ce qu'il y avait de moins mauvais à faire en ce moment. Il restera vrai, pour l'honneur de notre jurisconsulte, que son but, en cette circonstance, fut, comme il le dit hautement lui-même (2), « de prévenir l'abus du divorce, et de défendre le mariage contre le débordement des mœurs. » C'est à cette occasion qu'il proclama ce principe si souvent méconnu : « La loi est faite pour réformer les mœurs, non pour les pousser dans la fausse direction qu'elles ont prise (3). »

Dans la discussion du Titre *de l'Interdiction et du Conseil judiciaire*, Portalis fit entendre des paroles pleines de vérité et de sagesse au sujet du prodigue, que la loi doit protéger contre ses propres faiblesses.

(1) V. *Fenet*, t. IX, page 260.
(2) *Discours sur le Code*, page 37.
(3) *Ibid.*, page 532.

« Ce n'est pas ici une question de finances, dit-il, c'est une question de mœurs et d'intérêt social. Le corps de la société a intérêt que ses membres ne se réduisent pas à un état qui les incite au crime, à ce que chacun ait un patrimoine qui devienne la garantie de sa conduite. Il est d'ailleurs du *devoir* de la société de protéger les citoyens contre eux–mêmes (1). » Telle est bien, en effet, la base des lois sur l'interdiction, sur les tutelles, etc. Cette protection légale limite à bon droit les abus de la liberté.

Portalis fut chargé d'exposer au Corps législatif les motifs du Titre *de la Propriété*. C'était encore une question de principe, s'il en fut jamais, et l'honneur de la développer lui revenait de droit. Son esprit, qui ne dédaignait jamais de descendre aux détails, comme on peut s'en convaincre en parcourant les discussions du Conseil d'Etat, était surtout fait pour se complaire dans ces régions élevées où il s'agit de poser les assises d'une bonne législation, de fixer les principes, de consacrer le droit. Sans se perdre jamais dans les abstractions d'une vaine et vague métaphysique, il ramenait toujours ses aperçus sur un terrain pratique et utile ; constamment intelligible, il avait horreur de ces dissertations nébuleuses et déclamatoires trop communes, surtout de son temps. Dans son exposé des motifs, il commence par expliquer le droit d'occupation, droit incontestable, fondé

---

(1) *Discours sur le Code,* page 567.

sur la nécessité et la nature, et, faisant allusion aux systèmes utopistes qui déjà avaient surgi et qui devaient se
reproduire encore de nos jours avec tant d'audace et de
crudité, il leur lance ce trait : « Méfions-nous des systèmes dans lesquels on ne semble faire de la terre la
propriété commune de tous, que pour se ménager le
prétexte de ne respecter les droits de personne (1). »
Il venge l'idée même de la propriété en montrant d'où
elle dérive : « Le principe de ce droit n'est point le résultat d'une convention humaine ou d'une loi positive ;
il est dans la constitution même de notre être, et dans
nos différentes relations avec les objets qui nous envi-
ronnent (2). » Il n'a pas de peine à faire ressortir les
bienfaits que le corps social retire de l'appropriation du
sol par l'individu, qui s'attache alors à le féconder par
l'ardeur de son travail et les merveilles de son industrie ;
sans la sécurité de la propriété, la terre serait condamnée
à la stérilité. Réfutant cette fausse philosophie qui, à
l'exemple de Rousseau, vantait l'état sauvage avec une
sensiblerie plaisante, mais dangereuse, et qui avait fait
de si tristes ravages, il répond au nom du bon sens :
« L'état sauvage est l'enfance d'une nation, et l'on sait
que l'enfance d'une nation n'est pas son âge d'in-
nocence (3). » Puis, revenant sur une question qu'il
avait déjà touchée en présentant le Titre préliminaire,

(1) *Discours sur le Code*, page 210.
(2) *Ibid.*, page 211.
(3) *Ibid.*, page 215.

il démontre éloquemment que ce n'est nullement au droit de propriété qu'il faut attribuer l'origine de l'inégalité parmi les hommes. La discussion approfondie, quoique brève, à laquelle il se livre sur le droit de l'Etat qu'on a appelé le *domaine éminent du souverain*, révèle autant d'érudition que de justesse d'esprit ; et l'on est heureux de lire dans cet exposé des motifs, vrai commentaire légal de notre Code, que « l'empire, qui est le partage du souverain, ne renferme aucune idée de domaine proprement dit : il consiste dans la puissance de gouverner... de régler l'usage des biens des citoyens par les lois civiles,... de lever des impôts sur ces mêmes biens..... En se procurant par la levée des subsides les moyens de pourvoir aux frais de son gouvernement, le souverain n'exerce point un droit de propriété, il n'exerce qu'un simple pouvoir d'administration (4). » Quant au droit attribué à l'Etat de contraindre

(1) *Discours sur le Code*, pages 215, 217. M. de Labaume, premier avocat-général près la Cour impériale de Paris, méconnut singulièrement ces principes, lorsqu'il prit des conclusions qui firent grand bruit, et sur lesquelles intervint un arrêt rendu le 13 mars 1855 dans l'affaire de l'Administration de l'Enregistrement contre les créanciers Clausse (*Sirey*. 55. 2. 166). Voici le premier considérant des conclusions motivées de ce magistrat : « Attendu que si l'impôt ordinaire est le prélèvement d'une fraction du revenu annuel au profit de l'Etat, qui, à ce prix, assure au possesseur une jouissance paisible, le droit de mutation est le prélèvement d'une fraction de capital au profit de l'Etat, qui assure à chacun le droit de disposer des biens *dont l'Etat a été le propriétaire primitif*, et de les transmettre dans l'ordre exprès ou présumé de ses affections ou de ses préférences. »

un citoyen à céder sa propriété pour des *motifs graves* d'utilité publique, il ne saurait être exercé que moyennant une juste et préalable indemnité : c'est la conciliation de l'intérêt public avec le droit individuel.

L'orateur du Gouvernement parcourt successivement les diverses dispositions édictées dans le Titre de la Propriété, et termine par de remarquables considérations sur ce droit fondamental, sur lequel reposent toutes les institutions sociales. Le Titre présenté se réduit naturellement à poser le principe, quelques définitions et des règles générales ; car les deux derniers Livres du Code sont consacrés à réglementer en détail tout ce qui tient à l'exercice d'un droit si important.

Dans la discussion du Titre *des Successions*, les judicieuses observations de Portalis firent écarter la règle *Paterna paternis*, que Cambacérès et Bigot–Préameneu proposaient de rétablir, et qui eût créé dans la liquidation des successions d'inextricables difficultés (1).

On sait que le droit de tester fut l'objet de certaines

M. Paillard de Villeneuve réfuta très-bien, dans la *Gazette des Tribunaux*, cette doctrine plus qu'étrange, et il emprunta la plupart de ses arguments à l'ouvrage de M. Troplong intitulé : *De la propriété d'après le Code civil.*

La Cour de Paris, sans s'approprier la thèse soutenue résolûment devant elle par l'organe du ministère public, rendit un arrêt conforme à ses conclusions ; mais son arrêt fut cassé, le 23 juin 1857, par la Cour de Cassation, présidée par M. Troplong, sur les conclusions conformes de M. l'avocat-général de Marnas, après un rapport tout à fait remarquable de M. le conseiller Laborie (*Sirey*. 57. 1. 401).

(1) *Fenet*, t. XII, page 16.

attaques au sein du Conseil d'Etat, comme il l'avait été déjà à la Constituante. Berlier rappela à ses collègues l'opinion si radicale de Mirabeau, et Tronchet, qui avait siégé à l'Assemblée nationale, vint dire nettement que la faculté de tester n'était pas de droit naturel. Ce fut encore Portalis qui, en face de cet éminent adversaire, sut établir que le droit de disposer naît du droit de propriété, et qu'attenter au premier, c'est violer le second. Il ajouta quelques exemples pour justifier la latitude qu'il faut laisser au père, au moins dans une certaine mesure, d'être en quelque sorte « législateur dans sa famille, » de récompenser la piété filiale, et de proportionner ses libéralités aux besoins de ses enfants. Il arriva ainsi à faire modifier la disposition projetée qui, dans tous les cas où il y avait des descendants, élevait la légitime aux trois-quarts des biens (1). En outre, il combattit avec vigueur l'idée de créer une réserve au profit des collatéraux ; et son sentiment, vivemènt combattu, finit pourtant par triompher (2).

Lorsqu'on discuta le Titre *des Donations et des Testaments,* les substitutions furent violemment attaquées, surtout en ligne collatérale. On devait s'y attendre. Portalis apporta ses lumières dans cet intéressant débat : il développa son opinion avec sa modération ordinaire, se tenant dans un juste milieu, et soutenant qu'il fallait

(1) *Fenet,* t. XII, page 258.
(2) *Ibid.,* t. XII, pages 321, 407.

borner à un seul degré les substitutions en ligne collatérale. Il fit entendre à cette occasion des paroles qu'il
peut n'être pas inutile de replacer sous les yeux de la
génération actuelle, qui voit le morcellement du sol
grandir chaque jour et prendre des proportions vraiment
effrayantes. « La stabilité des immeubles, dit-il, stabilise
les familles, et dès lors elle est dans l'intérêt de la société. Le commerce des richesses mobilières est le seul
qu'il importe d'encourager (1). » Puis il fit valoir qu'il
n'y aurait plus de priviléges dans les substitutions, puisqu'elles seraient également permises à tous les proprié-
taires. Suivant lui, la conservation des biens dans les
familles, quand d'ailleurs l'égalité est respectée et qu'il
n'y a ni droit d'aînesse ni différence entre les partages
à raison de la naissance, est très-utile quelle que soit la
forme des gouvernements, et même dans les républiques ; il importe seulement de ne pas porter trop loin
l'esprit de conservation, mais il est renfermé dans de
justes limites quand il se borne à soustraire des biens à
un dissipateur pour les transmettre au degré suivant.
Tel est bien, en effet, l'esprit du Code civil sur les substitutions ; telle est bien la mesure dans laquelle elles sont
compatibles avec la situation d'un Etat démocratique
comme la France nouvelle. C'est là ce juste milieu, ce
sage équilibre dans lequel notre jurisconsulte s'est constamment tenu, ayant une égale horreur des excès, des

(1) *Fenet*, t. XII, pages 268, 187.

exagérations en sens contraires. Aussi c'est à ce système, gravement modifié par la Restauration (1), qu'on est revenu de nos jours (2). Et n'est-ce pas là une preuve éclatante de la sagesse et de la prévoyance du législateur de 1803 sur ces délicates matières, qu'après une épreuve qui a duré plus de vingt ans, on ait dû prendre le parti d'en revenir purement et simplement à la disposition qu'il avait édictée?

Une discussion longue et animée s'éleva encore sur la question de savoir si, dans le cas où une donation entre-vifs viendrait à être réduite, après la mort du donateur, comme outrepassant la quotité disponible, les créanciers du défunt pourraient venir exercer leurs droits sur cette partie des biens de leur débiteur. Beaucoup ne voulaient pas comprendre que la réserve ne concerne absolument que les héritiers, que les tiers n'ont rien à y voir, qu'ils ont, eux, suivi la foi de leur débiteur en n'exigeant pas de lui des sûretés hypothécaires; qu'enfin l'action en réduction est un privilége purement personnel, réclamé par le réservataire en sa qualité d'enfant, abstraction faite de la qualité d'héritier; qu'en conséquence le réservataire doit être maître de l'action en réduction, libre de l'exercer ou non. Portalis vint, en cette circonstance, soutenir la vraie doctrine légale, en face de nombreux adversaires;

(1) Loi du 17 mai 1826.
(2) Loi du 11 mai 1849, art. 18.

et son opinion, un instant écartée, finit par prévaloir (1).

C'est encore lui qui démontra, en faisant appel aux principes du droit, sur le terrain desquels il avait soin de se placer toujours, la nécessité de l'acceptation de toute donation entre-vifs du vivant même du donateur (2).

Faut-il blâmer Portalis d'avoir combattu le système qui place forcément les époux sous le régime de la communauté, lorsqu'ils n'ont point fait de contrat de mariage (3)? Tout d'abord, il ne faut pas oublier son origine méridionale, qui l'avait fait vivre et grandir dans un pays de droit écrit? Et puis, franchement et au fond, le régime de la communauté, tant prôné par les théoriciens, a-t-il tous les avantages qu'on s'est plu à lui prêter? Oui, quand le mari est un mari modèle, rangé, économe, soigneux du patrimoine de sa femme et le regardant comme le bien de ses enfants. Mais non, assurément, pour peu que le mari soit dissipateur, spéculateur ou autre chose. C'est un régime de confiance absolue, illimitée dans le chef de l'association conjugale. Le régime de la séparation, au contraire, comme le régime dotal, dont il a presque tous les avantages sans en avoir les inconvénients, est un régime de protection pour la fortune de la femme. C'est à ce régime de la séparation qu'auraient été soumis les époux qui n'auraient point fait de contrat, si l'avis de Portalis avait

(1) *Fenet,* t. XII, pages 340, 447, 471.
(2) *Ibid.,* t. XII, page 565.
(3) *Ibid.,* t. XIII, page 526.

prévalu. Nous ne savons si l'on aurait à s'en repentir. La communauté, comme régime de droit commun, nous paraît avoir produit des résultats dont il n'y a pas trop à se féliciter : elle favorise singulièrement la spéculation en matière de mariage, que le régime de la séparation aurait écartée. Nous sommes donc loin de nous sentir le courage d'adresser à Portalis, à cette occasion, un reproche que les admirateurs fanatiques, les partisans quand même du régime de la communauté ne lui ont point épargné.

Une des dispositions que Portalis insista le plus vivement pour faire admettre dans notre Code, c'est la rescision, en matière de vente d'immeubles, pour cause de lésion énorme : bénéfice qu'il voulait même étendre à l'acheteur. Dans les trois discours fort remarquables qu'il prononça à l'appui de sa thèse, — car il fut obligé d'y revenir par trois fois (1), — on admire le jurisconsulte inspiré par la conscience et mettant toujours le bon droit, l'équité au-dessus des déductions par trop rigoureuses du droit strict. Ce n'est pas sans peine qu'il fit passer dans nos lois cette disposition qui vient au secours du vendeur victime, dans une trop large mesure, d'un contrat dont l'essence même est d'être commutatif; qui, en fait, l'expérience l'a prouvé depuis, sert surtout à empêcher, à prévenir les ventes à vil prix : car il est bien rare de la voir invoquer devant les tribunaux, mais elle

(1) *Fenet*, t. XIII, page 98; t. XIV, pages 37, 45.

est comme une sorte d'épée de Damoclès suspendue au-
dessus de la tête de tous les acheteurs. Berlier et Regnaud
de Saint-Jean-d'Angely combattirent très-vivement l'article proposé. Portalis, en leur répondant, au nom de la
morale et du droit, s'éleva plus d'une fois à la véritable
éloquence, par exemple lorsqu'il s'écria : « Si l'on abolit
toutes les nullités, on aura la paix sans doute, mais quelle
paix ! Celle de la mort et le silence des tombeaux : d'un
côté des trompeurs impunis, de l'autre des trompés sans
protection. Le grand intérêt public, celui qui va au cœur,
est d'empêcher l'honnête homme d'être surpris (1). »
Etait-il possible de mieux dire, et de tels accents n'é-
taient-ils pas faits pour gagner à une cause tant d'illus-
tres auditeurs, parmi lesquels figurait le Premier Consul,
qui plaçait l'équité, la justice si fort au-dessus de toutes
les subtilités du droit, ou, pour mieux dire, de l'école ?
Pourtant les adversaires résistaient toujours, et il fallut
des paroles sévères pour couper court à leurs agressions
réitérées. Portalis, osant dire à son siècle ses vérités,
termina l'exposé de ses raisons par cette austère pensée :
« Sans doute les lois naissent du temps et des circonstances : celle-ci a été appelée par des temps de corruption ; est-ce donc un temps de corruption qu'il faut
choisir pour l'abroger (2) ? » On peut dire, en toute
vérité et sans flatterie, que les trois discours prononcés

(1) *Fenet*, t. XIII, page 100.
(2) *Ibid.*, t. XIV, page 51.

par Portalis, à l'appui de sa thèse, sont des modèles de logique et de discussion. Ils méritent d'être cités au nombre des plus remarquables que l'élaboration du Code fit éclore au sein du Conseil d'Etat.

C'est encore la même idée que Portalis s'attacha principalement à développer devant le Corps législatif, lorsqu'il lui présenta le Titre *de la Vente*. Il y insiste assez longuement, dans son exposé des motifs, pour qu'on soit fondé à supposer qu'il avait quelque crainte de voir ce titre rejeté à cause de la disposition qui autorise l'action rescisoire pour lésion. Il déduit, sous une forme naturellement moins vive et moins animée, mais plus savante, plus méthodique et plus complète encore, s'il est possible, les arguments qu'il avait produits dans la discussion ; il a grand soin de présenter aussi les objections des adversaires dans toute leur force, et n'en laisse pas une sans réponse. Son exposé de motifs est un petit traité, plein de science et toujours intéressant, sur ce contrat qu'il appelle « le plus important de tous les contrats (pécuniaires), celui qui est l'âme de toutes nos relations commerciales. » L'orateur justifie, en les comparant à la législation ancienne, les diverses dispositions du Titre, distinguant celles qui sont empruntées au droit romain ou aux Coutumes de celles qui créent un droit nouveau, comme l'article qui autorise l'acquéreur actionné en rescision pour lésion, à garder la chose en payant le supplément du juste prix, sous la déduction du dixième du prix total : c'était un sage tempérament ap-

porté au principe que Portalis avait tenu à faire inscrire
dans nos lois. Comme toujours, il s'élève aux idées générales, aux règles éternelles de morale et de droit, pour
justifier ses opinions. On aime à l'entendre proclamer
cette vérité méconnue par les adorateurs serviles du
droit strict : « Les idées du juste et de l'injuste ne sont
pas le résultat des conventions humaines ; elles ont précédé ces conventions, et elles doivent en diriger les
pactes. De là les jurisconsultes romains, et après eux
toutes les nations policées, ont fondé la législation civile
des contrats sur les règles immuables de l'équité naturelle (1). » Plus loin, il s'écrie : « Est-il un seul contrat
dans lequel il soit permis de ne point garder la bonne
foi et de ne point observer la justice?... La lésion n'est-
elle pas une injustice inconciliable avec les principes
d'équité et de réciprocité qui doivent être l'âme de tous
les contrats ? Elle choque l'essence même du contrat de
vente (2). »

Nous applaudissons aussi de grand cœur aux considérations par lesquelles notre jurisconsulte repousse absolument et présente comme *prohibées par le Code* les
assurances sur la vie humaine. Il ne sera pas sans intérêt de reproduire ici ses paroles, trop oubliées depuis :
« Il est sans doute permis de traiter sur des choses in-
certaines, de vendre et d'acheter de simples espérances ;

(1) *Discours sur le Code,* page 256.
(2) *Ibid.,* pages 262, 260.

mais il faut que les incertitudes et les espérances qui sont la matière du contrat ne soient contraires ni aux sentiments de la nature ni aux principes de l'honnêteté. Nous savons qu'il est des contrées où les idées de la saine morale ont été tellement obscurcies et étouffées par un vil esprit de commerce, qu'on y autorise les assurances sur la vie des hommes (1). Mais en France de pareilles conventions ont toujours été prohibées. Nous en avons la preuve dans l'Ordonnance de la marine de 1681, qui n'a fait que renouveler les défenses antérieures. L'homme est hors de prix : sa vie ne saurait être un objet de commerce ; sa mort ne peut devenir la matière d'une spéculation mercantile. Ces espèces de pactes sur la vie ou sur la mort d'un homme sont odieux, et ils peuvent n'être pas sans danger. La cupidité qui spécule sur les jours d'un citoyen est souvent bien voisine du crime qui peut les abréger (2). » Si la Cour de Limoges avait connu ce passage de l'exposé des motifs du Titre de la Vente, il est permis de douter qu'elle eût osé affirmer, comme elle l'a fait dans un arrêt (3), « que depuis l'Ordonnance de 1681 on chercherait vainement dans notre législation des prohibitions contre les assurances sur la vie. » Nous croyons que les travaux préparatoires d'un Code sont et seront

---

(1) « En Angleterre, par exemple. Voyez Emérigon, *Traité des Assurances* » (*Note de Portalis*).

(2) *Discours sur le Code*, page 244.

(3) Arrêt du 2 décembre 1856 (*Sirey*. 57. 2. 182).

toujours le meilleur commentaire légal, la véritable interprétation officielle et par voie d'autorité de ce Code : car le magistrat, lui, n'a jamais à rechercher le *quid melius*, il doit se borner à appliquer le *quid voluit legislator*. C'est ce que la Cour de Cassation a pensé lorsque, revenant sur sa propre jurisprudence, elle a décidé que, bien que le duel ne fût pas nommé dans le Code pénal, il est compris dans les dispositions qui punissent l'homicide d'une manière générale ; et, pour cela, elle s'est fondée surtout sur ce que Monseignat, rapporteur de la Commission du Corps législatif sur le chapitre du Code qui prévoit les crimes contre les personnes (1), a formellement déclaré dans son rapport que les auteurs du projet de loi soumis aux délibérations de l'Assemblée avaient entendu comprendre le duel dans les dispositions générales édictées contre l'homicide. Or il nous semble que, législativement parlant, l'opinion de l'orateur du Gouvernement chargé de présenter et de soutenir les projets de lois, a plus d'importance et d'autorité encore que celle du rapporteur de la Commission du Corps législatif, surtout quand c'est un homme qui, comme Portalis, a rédigé lui-même le projet de Code et pris une part si active et si constante à sa discussion au sein du Conseil d'Etat, dont il devait mieux que personne connaître les intentions. Aussi, quand nous le voyons, dans l'exposé des motifs du Titre de la Vente, venir affirmer en des

—————

1) *Code pénal*, liv. III, tit. 2, chap. 1er.

termes positifs que le législateur français entend proscrire les assurances sur la vie humaine ; quand nous
l'entendons, dans l'exposé des motifs du Titre des Contrats aléatoires, véritable siége de la matière, répéter,
comme un fait incontesté : « ON A PROSCRIT avec raison
les assurances sur la vie des hommes, (1) » il nous
semble impossible de n'en pas conclure que l'intention
clairement manifestée du législateur de 1804 a été d'interdire les assurances sur la vie humaine : contrat dangereux, qui renferme le *votum mortis* tout autant que le
pacte sur succession future défendu par l'art. 791, et
qui, sans doute, a fait commettre plus d'un crime. Et
nous nous demandons jusqu'à quel point le pouvoir exécutif a été dans son droit lorsqu'il a autorisé, par de simples ordonnances, des compagnies d'assurances sur la
vie humaine (2). En y réfléchissant mûrement, on re-

(1) *Discours sur le Code*, page 287. Notre opinion nous paraît
d'autant plus sûre que c'est Portalis lui-même qui présenta au Corps
législatif le Titre des Contrats aléatoires, *le seul du Code Napoléon
où le contrat d'assurance soit nommé.* Or il résulte, sans contredit,
du passage que nous avons cité tout à l'heure (pages 77-78), qu'il con-
sidère les assurances sur la vie comme toujours interdites en France
par l'Ordonnance de la marine de 1681, laquelle est toujours en
vigueur pour sa plus grande partie ; et précisément l'art. 1964 du
Code civil porte expressément que « le contrat d'assurance est régi
par les lois maritimes. »

(2) Il est à remarquer que ces ordonnances d'autorisation remon-
tent seulement au gouvernement de la Restauration, et qu'aucun
décret de ce genre n'avait été rendu par le souverain dont le Code
porte le nom.

viendra à l'opinion de Portalis, sanctionnée par le vote du Corps législatif en 1804.

Le dernier Titre que notre orateur eut à présenter, est celui *des Contrats aléatoires.* La flétrissure qu'il fallait imprimer aux jeux de hasard, pour démontrer la légitimité de leur prohibition, ne pouvait émaner d'une bouche plus pure. Il ne lui fallut pas de grands efforts pour établir que le législateur ne saurait protéger un contrat qui, « à la différence des contrats ordinaires, lesquels rapprochent les hommes, ne sert qu'à les isoler.... Chaque joueur, dit-il, n'espère que de sa fortune, et ne se repose que sur le malheur d'autrui.... Un joueur forme le vœu inhumain et impie de prospérer aux dépens de ses semblables ; il est réduit à maudire le bien qui leur arrive, et à ne se complaire que dans leur ruine (1). » Et plus loin, comme s'il eût eu en vue de stigmatiser par de prophétiques paroles les scandaleux jeux de Bourse dont nous sommes aujourd'hui témoins, le jurisconsulte honnête homme ajoute : « Ignore-t-on que le jeu favorise l'oisiveté, en séparant l'idée du gain de celle du travail ?... Ignore-t-on les révolutions subites qu'il produit dans le patrimoine des familles particulières, aux dépens des mœurs publiques et de la société générale (2) ? »

La partie de cet exposé des motifs où il est parlé de la rente viagère, a pour but de justifier ce contrat, bien

(1) *Discours sur le Code,* p. 282-283.
(2) *Ibid.,* p. 283.

qu'il renferme le *votum mortis*. Nous nous permettrons, en passant, une observation. Nous croyons que le législateur de 1804 n'a pas suffisamment songé à la facilité que donne ce genre de contrat d'éluder la loi qui crée une réserve au profit de certains héritiers. Portalis semble pourtant avoir quelque peu entrevu ce péril, lorsqu'il dit: « Nous n'avons pas cru que l'abus possible des constitutions de rentes viagères fût un motif suffisant de bannir de notre législation civile ces espèces de contrats. Dans le cœur d'un père de famille, la nature saura défendre ses droits (1). » Qu'il ne faille pas, à cause des abus possibles, interdire absolument ce contrat, c'est à merveille, et nous n'y contredisons point. Mais qu'il faille s'en remettre entièrement *au cœur du père de famille* pour sauvegarder la légitime des enfants, c'est ce que nous ne saurions admettre. Evidemment ce raisonnement prouve trop, car, si on l'adopte, à quoi bon organiser par la loi une réserve? Le législateur qui a édicté les art. 913 et suivants, aurait pu parfaitement, sans excéder ses droits, décider que le père de famille ne pourrait se constituer des rentes viagères que dans une certaine limite, proportionnée à sa fortune et au nombre de ses enfants; et nous nous étonnons qu'il n'ait pas prévu que, dans l'état actuel de la législation, un père pourrait frustrer entièrement et absolument ses héritiers réservataires en plaçant la totalité de son bien en rentes viagères (2).

(1) *Discours sur le Code,* p. 287.
(2) Peut-être nous objectera-t-on que l'organisation d'une réserve

Aucune disposition législative ne l'interdit : c'est là une lacune regrettable, qu'il nous semble important de signaler.

C'est Portalis qui eut l'honneur de proposer le premier et de faire prévaloir le régime hypothécaire adopté par le Code civil, régime qui, en définitive, a survécu à toutes les critiques et qui, il y a peu d'années, est sorti victorieux de l'épreuve d'une longue et solennelle discussion. On sait qu'en 1804 deux systèmes étaient en présence : celui de la loi du 11 brumaire an VII, qui exigeait, dans tous les cas et sans exception, la publicité et la spécialité des hypothèques ; et celui du projet de Code qui, soutenu principalement par Bigot-Préameneu, se rapprochait beaucoup de l'ancien système d'hypothèques non inscrites et sans publicité, consacré par l'édit royal de 1771. Portalis montra le moyen terme auquel on devait s'arrêter, à savoir : adopter en principe la règle générale de la publicité des hypothèques conventionnelles, mais avec dispense de publicité pour les hypothè-

---

n'a d'autre but que d'empêcher les parents de préférer des étrangers à leurs enfants, et que celui qui se constitue une rente viagère à lui-même, ne fait, après tout, que se préférer à ses descendants, ce qui est permis par notre législation. Soit ! mais au moins faudrait-il que les tribunaux fussent investis, par une disposition législative, du pouvoir d'annuler tout contrat de rente viagère qui leur paraîtrait organisé pour frauder les prescriptions de la loi sur la réserve, et dont le but caché leur semblerait être, d'après les circonstances, de favoriser le débiteur de la rente au détriment des héritiers réservataires du crédi-rentier.

ques que la loi confère aux femmes mariées et aux mineurs. Il fit parfaitement sentir que le système de non-publicité, organisé par l'édit de 1771 et proposé par le projet, était vicieux en lui-même, puisque tout « en offrant des moyens de conserver les hypothèques, il n'avertit pas de celles qui existent au moment où l'on contracte (1) ; » et que, d'un autre côté, le fait du mariage et celui de la tutelle sont, en général, des faits publics et notoires ; que d'ailleurs « toute hypothèque légale, existant par la seule force de la loi, ne peut être subordonnée à une formalité extérieure sans cesser d'être légale (2). » On ne pouvait mieux dire. Aussi cette opinion mixte triompha-t-elle complétement. Le Premier Consul, qui avait assisté à toute la discussion et qui naturellement, dans une matière aussi exclusivement juridique, avait d'abord laissé la parole aux jurisconsultes du Conseil d'Etat, se rangea sans réserve à l'avis de Portalis (3). Dès lors la cause de la publicité des hypothèques conventionnelles et de l'existence des hypothèques légales indépendamment de toute inscription, fut définitivement gagnée ; et la France fut dotée d'une législation hypothécaire sage et durable, comme la suite l'a éloquemment prouvé.

L'homme qui avait si largement coopéré à la rédaction

(1) *Fenet*, t. XV, p. 295.
(2) *Ibid.*, p. 305.
(3) *Ibid.*, t. XV, p. 301.

du projet de Code, à sa discussion et au vote de plusieurs de ses Titres par le Corps législatif, méritait bien l'honneur de venir couronner l'œuvre en présentant le projet de loi relatif à la réunion des lois civiles en un seul corps de lois sous le titre de *Code civil français*. Il avait inscrit son nom au frontispice, par le Discours préliminaire ; il vint le graver encore sur le sommet, en sorte qu'on peut presque dire qu'il fut le premier et le dernier à l'œuvre. Dans un style plein d'élévation et de noblesse, Portalis jeta tout d'abord un coup d'œil rapide sur l'histoire de la législation, depuis Charlemagne et saint Louis jusqu'à la rédaction des Coutumes et aux Ordonnances de Louis XIV. Il rappela que la Révolution seule avait rendu possible l'unité de législation ; et qu'après cette première effervescence révolutionnaire qui avait si déplorablement dépassé le but par ses criminels excès, ce grand travail était enfin devenu réalisable sous la main ferme et habile qui avait restauré la société française en l'asseyant sur des bases nouvelles. Ecoutons comment il traça, en témoin oculaire, la part que cet étonnant génie avait prise à la confection d'un Code si impatiemment attendu : « L'homme extraordinaire qui est à la tête du gouvernement, sut mettre à profit le développement d'idées que la Révolution avait opéré dans toutes les têtes, et l'énergie de caractère qu'elle avait communiquée à toutes les âmes. Il réveilla l'attention de tous les hommes instruits ; il jeta un souffle de vie sur des débris et des matériaux épars, qui avaient été dispersés par les tempêtes révolutionnaires ; il éteignit les haines et réunit les partis, la justice et la paix s'embrassèrent ; et, dans le calme de toutes les passions et de tous les intérêts, on vit naître un projet complet de Code civil (1). » Enfin l'orateur fit ressortir le bienfait de cette unité législative dans une grande nation, et il put dire justement : « L'ordre civil vient cimenter l'ordre politique. Nous ne sommes plus Provençaux, Bretons, Alsaciens, mais Français (2). »

C'était le 4 ventôse an XI que Portalis était venu présenter à la sanction des législateurs le Titre préliminaire du Code, et c'était le 26 ventôse an XII qu'il lui avait soumis le projet de réunion de tous les Titres en un seul corps de lois : il fut voté le 30 du même mois. Une seule année avait suffi au Corps législatif pour mener à fin cette œuvre gigantesque, le plus beau et le plus vaste monument de législation qu'ait jamais eu la France, et que beaucoup de nations de l'Europe lui empruntent à l'envi (3).

On l'a dit avec raison, « le nom de Portalis revient à chaque page dans l'histoire du Code civil ; il en repré-

---

(1) *Discours sur le Code*, p. 301.

(2) *Ibid.*, p. 303. On a vu plus haut (page 14 à 16) comment, à une autre époque, Portalis avait soutenu l'ancienne législation provençale. Mais les temps avaient bien changé depuis.

(3) On sait que notre Code est en vigueur dans plusieurs Etats de l'Allemagne, en Belgique, etc. Au moment même où nous écrivions cet éloge, les feuilles publiques sont venues nous apprendre que le Code Napoléon a été récemment adopté en Grèce (février 1857).

sente le mieux la philosophie et l'éloquence (1). « Au
Conseil d'Etat comme au Conseil des Anciens, le jurisconsulte honnête homme s'attache par-dessus tout à faire
prévaloir les éternels principes de la justice et du bon
droit, de la saine philosophie, de la morale et de la conscience. Aussi sa voix y fut toujours écoutée avec un religieux respect, son influence y fut peut-être la plus grande,
et la plupart des idées dont il se fit le défenseur ont passé
dans nos lois. Il est du bien petit nombre de ces orateurs
qui plaisent et qui subjuguent, par la forme comme par
le fond. Dans le discours préliminaire et dans les exposés
de motifs, on admire cette hauteur de principes, cette
richesse d'images, cette gravité sentencieuse qui en font
des œuvres philosophiques et littéraires ; dans les discussions, on est charmé de ce tour vif, de cette malice de
bon goût, de cette ironie contenue qu'il sait toujours
donner à ses observations, à ses répliques. C'est là qu'il
faut chercher le plus beau, le plus durable des titres de
gloire de Portalis : dans sa coopération si active, si lumi-
neuse à ce Code dont un illustre historien a pu dire en
toute vérité : « Il était impossible de faire autrement ni
mieux (2). »

(1) M. Nicias Gaillard, *De la part prise par le Premier Consul à
la confection du Code civil :* Discours de rentrée prononcé à la
Cour de Cassation, le 3 novembre 1855.

(2) M. Thiers, *Histoire du Consulat et de l'Empire*, t. III, p. 344.

IV.

Le bienfait d'une législation civile, sage et uniforme n'est pas le seul que nous devions au Premier Consul et à Portalis. La restauration du culte est aussi leur ouvrage. Chose vraiment remarquable ! Pour les deux entreprises qui tenaient le plus intimement aux antiquités de la France et qui demandaient une judicieuse combinaison du présent et du passé, c'était surtout de ce génie organisateur et conciliant que l'on avait besoin ; ce qu'il fallait de science, de foi, d'amour de l'ordre et de la liberté, était dans son âme comme une provision faite depuis longtemps. Il était prêt, tout se prépara autour de lui. Le moment était peut-être unique : Napoléon sut le saisir, et il eut la rare fortune de trouver auprès de lui l'homme le mieux fait pour l'aider dans cette tâche aussi difficile que généreuse... On connaît l'état dans lequel le schisme d'abord, puis bientôt l'apostasie complète, le culte de la déesse Raison et les autres folies terroristes, avaient plongé la France en matière religieuse. C'était une œuvre pleine de grandeur et de hardiesse que d'oser, au sortir d'une Révolution qui avait ainsi bouleversé tout dans la vieille France et tenté d'en extirper le catholicisme par une persécution longue et violente, se tourner hautement vers le Souverain-Pontife, et conclure avec le successeur de Pierre un solennel accord qui réglât les rapports de l'Eglise rétablie et de l'Etat nouveau. OEuvre vraiment providentielle, à laquelle deux hommes en France eurent la gloire d'attacher pour jamais leurs noms : Napoléon et Portalis. Ce dernier qui, depuis 1801, avait été chargé par le Premier Consul de toutes les affaires concernant les cultes (1), reçut mission de présenter au Corps législatif et de faire déclarer loi de l'Etat le Concordat lui-même et les articles organiques que le Gouvernement français y avait ajoutés. La tâche était loin d'être facile : le rétablissement du culte en France, bien qu'accueilli avec joie par la majorité de la nation, déplaisait fort aux idéologues qui rêvaient une religion nationale, à ceux qui n'en voulaient aucune ; à tant d'hommes élevés dans les doctrines du xviiie siècle, dans la haine du catholicisme, contre lequel ils entretenaient les préjugés les plus enracinés. Il ne faut pas oublier cette situation pour apprécier à leur juste valeur les monuments de droit public que Portalis fut chargé de défendre devant le pouvoir auquel appartenait le vote des lois, les discours qu'il prononça dans ces circonstances,

(1) Arrêté du Premier Consul, en date du 16 vendémiaire an x (8 octobre 1801). « Certes, dit judicieusement M. Sainte-Beuve (*Causeries du lundi*, t. V, p. 375), certes, dans ses relations avec le Souverain Pontife et avec les chefs de l'Eglise, Napoléon ne pouvait faire choix d'un organe ni d'un conseiller plus savant, plus pieux, plus pur, plus ferme en certains cas, et plus doux dans le mode de r ésistance que ne l'était Portalis. »

toute sa conduite, en un mot, dans ces délicates négociations. Il parlait à une tribune où le langage de l'impiété avait bien des fois retenti sans qu'une voix osât protester; à une tribune où l'on n'avait jamais entendu l'éloge de la religion sous l'égide de laquelle la France avait grandi pendant quatorze siècles. Et puis, il ne s'agissait pas de faire acte de courage intempestif en venant froisser les *citoyens législateurs* auxquels on s'adressait : il fallait au contraire avoir le talent de ne pas se les aliéner, de se faire écouter d'eux, de les rendre favorables à un projet de loi qui, après tout, allait restituer à la nation française le culte dont elle était privée depuis dix années; ce culte, en définitive, a survécu aux révolutions qui, depuis cinquante ans, renversent les dynasties et modifient les régimes politiques avec une prodigieuse facilité. C'en est assez pour répondre à ceux qui seraient tentés de reprocher à Portalis de n'être point allé assez loin dans l'apologie du catholicisme, de n'avoir point dit assez clairement que la vérité n'est que là, qu'elle ne saurait être ailleurs, qu'elle y est complète et absolue; de n'avoir pas repoussé avec assez d'énergie et d'indignation les objections anti-chrétiennes qu'il se posait à lui-même pour les réfuter. La première condition pour un orateur qui parle non pour parler, mais pour persuader, c'est d'atteindre le but qu'il se propose : pourvu qu'il y arrive sans rien sacrifier des prescriptions de sa conscience, sans faire à l'erreur une seule concession coupable, sans forfaire un instant à sa croyance, nous disons qu'il n'y a rien à lui reprocher. En ces matières, l'opportunité est une vertu, la première de toutes peut-être, puisque c'est une condition *sine quâ non* du succès. Quels reproches ne serait-on pas en droit d'adresser à Portalis si, au lieu d'assurer l'acceptation du Concordat par la convenance et la modération de son langage, il l'eût au contraire compromise par d'imprudentes paroles et de téméraires ardeurs! Si, par la faute de l'orateur du Gouvernement, le Concordat eût été repoussé par le Corps législatif, — assez mal intentionné à cet égard, il faut le dire (1), — que fût-il advenu, et quel eût été le sort de la religion en France? Nul n'oserait le dire. La conduite de Portalis fut marquée au coin d'une sagesse et d'une discrétion parfaites, et elle mérite des éloges qu'il y aurait une souveraine injustice à lui refuser. Encore une fois, tenons lui compte des circonstances, du milieu où il se trouvait; et puis, n'allons pas exiger trop rigoureusement d'un homme du monde la précision de la science théologique, ne nous effarouchons pas trop de quelques expressions hasardées et inexactes; ne lui demandons pas d'être parfait théologien, puisqu'il n'avait pas fait de la théologie une étude spéciale et qu'il fallait avant tout *se hâter* de conclure et tirer la France de l'état dans lequel le régime terro-

_____

(1) Il l'avait prouvé en élisant pour président Dupuis, l'auteur de l'*Origine des Cultes*, lorsqu'il avait été question d'un Concordat avec Rome.

riste l'avait plongé. En un mot, gardons-nous de commettre un anachronisme profondément injuste en jugeant des discours prononcés en l'an x (1801) *devant une Assemblée de la Révolution*, comme nous les jugerions s'ils étaient prononcés de nos jours. Justice pour tous. *Suum cuique!*

Cela dit, et ces simples réserves faites au nom de l'équité et du bon sens, nous serons à l'aise pour louer Portalis de sa franchise, pour le louer d'être venu, abjurant tout respect humain, rendre un solennel et public hommage à la religion catholique, devant le pouvoir législatif du temps. Il sut le faire avec une « élocution douce, brillante, empreinte d'une certaine onction religieuse (1). » Le *Discours sur l'organisation des cultes* (2) est devenu le frontispice du Concordat, comme le *Discours préliminaire* est celui du Code civil.

L'orateur commence par établir la nécessité de la religion pour les nations comme pour les individus. En plaidant cette noble cause, il fait entendre des vérités que le pays semblait avoir désapprises, et qu'il devenait d'autant plus urgent de proclamer. « La morale sans dogmes religieux, s'écrie-t-il, ne serait qu'une justice sans tribunaux.... On ne conduit pas les hommes avec des abstractions ou des maximes froidement calculées.... L'intérêt des gouvernements humains est de protéger

---

(1) M. Thiers, *Histoire du Consulat et de l'Empire*, t. III, p. 435.

(2) Prononcé le 15 germinal an x (5 avril 1801).

les institutions religieuses, puisque c'est par elles que la conscience intervient dans toutes les affaires de la vie (1). Tel doit toujours être, en effet, le mobile du législateur humain s'occupant d'affaires religieuses : mobile pur et élevé, bien supérieur aux intérêts temporels. A ceux qui avaient osé proposer de *créer* une religion nouvelle, l'orateur répond « qu'on ne fait pas une religion comme on promulgue des lois (2). » A ceux qui, pour combattre le rétablissement public du culte, faisaient sonner bien haut les abus dont la religion avait été le prétexte, il demande : « Quelle est donc l'institution dont on n'ait jamais abusé? Quelle est le bien qui ait existé sans mélange de mal? Quelle est la nation, quel est le gouvernement, quel est le corps, quel est le particulier qui pourrait soutenir en rigueur la discussion du compte redoutable que l'on exige des prêtres chrétiens (3)? » Il se plait ensuite à faire ressortir en termes magnifiques les immenses bienfaits du christianisme, « qui se montre non comme la religion d'un peuple, mais comme celle des hommes; non comme la religion d'un pays, mais

---

(1) *Travaux sur le Concordat*, pages 4, 5, 7. — Nous désignerons ainsi, dans les renvois, le volume intitulé : *Discours, rapports et travaux inédits sur le Concordat de 1801, les Articles organiques, et sur diverses questions de droit public*, par J.-E.-M. Portalis; publiés par M. le vicomte Frédéric Portalis; Paris, Joubert, 1845.

(2) *Travaux sur le Concordat*, p. 17.

(3) *Ibid.*, p. 19.

comme celle du monde (1). » « La religion de Descartes, de Pascal, de Bossuet, de Fénelon, serait-elle donc contraire à la raison, elle qui a développé le génie de ces grands hommes et formé l'âme du dernier? Pourrions-nous méconnaître l'heureuse influence du christianisme sans répudier tous nos chefs-d'œuvre en tout genre, sans les condamner à l'oubli, sans effacer les monuments de notre propre gloire (2)? » L'éloge consacré aux Sœurs de charité est une des belles pages sorties de la plume de Portalis (3); on n'a jamais mieux dit en moins de mots sur un si beau sujet. Examinant le devoir qui incombe, suivant lui, à l'Etat de s'occuper des cultes professés par les citoyens, l'orateur trace le tableau des efforts faits par le Gouvernement pour arriver à éteindre le schisme qui désolait l'Eglise de France depuis la promulgation de la Constitution civile du clergé; il établit la nécessité de l'intervention du Pape pour y mettre un terme, et proclame, à cette occasion, l'avantage que retire la vraie religion de ce privilège, qui n'appartient qu'à elle, d'avoir un pontife suprême étranger et indépendant : c'est la manifestation la plus éclatante de la distinction des deux puissances. Après avoir rendu hommage aux prêtres qui avaient été persécutés pour la cause religieuse, il analyse rapide-

(1) *Travaux sur le Concordat*, p. 22.

(2) *Ibid.*, p. 21.

(3) *Ibid.*, p. 23.

ment les vœux des Conseils généraux pour le rétablissement du.culte de la très-grande majorité des Français,
vœux qui étaient la véritable expression de la volonté
nationale. Il montre qu'il fallait absolument en finir avec
cette Constitution civile du clergé « qui n'existait plus
que par les troubles religieux qu'elle avait produits (1). »
Enfin il établit que la protection due par l'Etat au culte
de la grande majorité des citoyens, lui impose l'obliga-
tion de pourvoir à la subsistance des ministres de ce
culte. ,

Ces points généraux traités, l'orateur passe à l'examen des objections de détail mises en avant par ceux
qui, sans proscrire formellement le catholicisme, s'ima-
ginaient ou plutôt feignaient de s'imaginer qu'on pouvait y toucher comme on touche à une œuvre qui ne
serait pas d'institution divine ; par ceux qui se plai-
gnaient qu'on n'eût pas « profité des circonstances pour
épurer un culte qui leur paraissait trop surchargé de
rites et de dogmes. » Portalis répond que cette multipli-
cité de rites attache plus invinciblement les catholiques à
leur religion ; que, quant aux dogmes, ils sont les fondements de la morale, et d'ailleurs il ajoute cette parole
qui n'a pas été suffisamment remarquée et qui nous
semble un des points principaux de ses doctrines sur la
grave question des rapports de l'Eglise et de l'Etat :
« Quant aux dogmes, l'Etat n'a jamais a s'en mêler,

---

(1) *Travaux sur le Concordat*, p. 40.

pourvu qu'on ne veuille pas en déduire des conséquences éversives de l'Etat (1). » Bien peu assurément savent que Portalis a émis cette idée significative, et nous sommes bien aise d'être le premier peut-être à la mettre en relief. Poursuivant sa réfutation, l'orateur justifie l'excellence du célibat ecclésiastique. Il s'élève à la véritable éloquence lorsqu'il renverse par une argumentation historique le sophisme de Montesquieu, à savoir que le catholicisme serait la religion des monarchies et ne saurait convenir aux républiques : il démontre, preuves en main, que cette assertion est démentie par l'histoire. Enfin, après avoir expliqué en détail le système du projet de loi dont il demande l'adoption ; après avoir surtout rappelé que « le Gouvernement français avait traité avec le Pape non comme souverain étranger, mais comme chef de l'Eglise universelle, dont les catholiques de France font partie, » l'orateur termine par des considérations pleines d'élévation et de vérité sur l'importance et la nécessité des institutions religieuses : « Par la nature des choses, dit-il, les institutions religieuses sont celles qui unissent, qui rapprochent davantage les hommes, celles qui nous sont le plus habituellement présentes dans toutes les situations de la vie, celles qui parlent le plus au cœur, celles qui nous consolent le plus efficacement de toutes les inégalités de la fortune, et qui seules peuvent nous rendre

(1) *Travaux sur le Concordat*, p. 43.

supportables les dangers et les injustices inséparables de l'état de société; enfin celles qui, en offrant des douceurs aux malheureux et en laissant une issue au repentir du criminel, méritent le mieux d'être regardées comme les compagnes secourables de notre faiblesse (1). »

Nous avons cru devoir résumer avec quelque étendue ce discours trop peu connu, le principal que Portalis ait prononcé sur ces graves matières. Nous laissons le lecteur juge de la valeur de cette œuvre, qui n'a été critiquée que parce qu'on s'obstinait à oublier et l'époque à laquelle elle a été prononcée, et l'assemblée à qui elle s'adressait, et le but qu'elle voulait atteindre. Ce but fut pleinement atteint, puisque ce discours était prononcé le 15 germinal an X, et que, trois jours après (18 germinal; 8 avril 1802), le Concordat et ses annexes étaient déclarés lois de l'Etat par le Corps législatif (2).

Il ne saurait entrer dans le cadre de cette Etude d'examiner en détail les Articles organiques (3), dont

---

(1) *Travaux sur le Concordat*, p. 56.

(2) Le projet de loi fut adopté, au Tribunat, par 78 suffrages contre 7; au Corps législatif, par 228 voix contre 21 (M. Thiers, *Histoire du Consulat et de l'Empire*, t. III).

(3) Personnellement, nous regardons comme un devoir de dire que nous ne croyons pas que le Gouvernement français eût le droit d'ajouter au Concordat cette série d'articles organiques dont on n'avait rien dit à Rome dans les négociations du Concordat. Lorsque deux parties contractent, l'une d'elles ne nous paraît pas maîtresse de modifier à son gré la convention par des annexes non acceptés par l'autre. A cet égard, nous dirons avec M. de Cormenin (*Feu!*

Portalis fut le principal auteur. Il en développa la doctrine dans deux rapports, dont l'un fut présenté au Conseil d'Etat lorsqu'on soumit les Articles à son examen; l'autre, intitulé : *Exposition des maximes et des règles consacrées par les Articles organiques de la Convention passée le 26 messidor an IX entre le Gouvernement français et le pape Pie VII*, fut adressé plus tard au Premier Consul (1). « La religion, dit très-bien Portalis dans le premier rapport, est la société de l'homme avec Dieu; l'Etat est la société des hommes entre eux (2). » Il en déduit l'indépendance de la souveraineté temporelle, et pose nettement la distinction des deux puissances : il y voit une question civile, et non théologique, et il a soin de répéter : « L'examen du dogme est étranger à notre objet (3). » Le gallicanisme de Portalis est surtout politique : il a trait principalement à l'indépendance des gouvernements dans

feu! page 83) : « Les Organiques qui auraient dû être faites avec le Pape, ayant été faites sans le Pape, ne lient pas le Pape.... Les Organiques confèrent incompétemment à un tribunal de laïques l'interprétation spirituelle des saints canons. » On sait que Rome a, dès l'origine, protesté contre les Organiques, et qu'elle ne les a jamais reconnues. Les difficultés des temps ne peuvent constituer, à nos yeux, que des circonstances atténuantes ; mais, tout en proclamant que les Organiques auraient dû être convenues avec Rome, on peut se demander si le Corps législatif eût admis le Concordat comme loi de l'Etat, sans ses annexes.

(1) Le 5e jour complémentaire an XI; — 22 septembre 1803.

(2) *Travaux sur le Concordat*, p. 86.

(3) *Travaux sur le Concordat*, p. 105.

l'ordre temporel, et à la limitation de l'autorité ecclésiastique aux choses purement spirituelles (1). Nous
n'avons pas à le juger; nous l'exposons. Le rapport au
Conseil d'Etat est fort sommaire. Portalis a réservé le
développement des idées qu'il avait fait passer dans les
Articles organiques pour son rapport au Gouvernement,
œuvre fort étendue, véritable commentaire officiel de
l'annexe ajoutée au Concordat par le pouvoir civil seul.
Là il examine, article par article, les Organiques, et
donne de petits traités sur chaque point important, spécialement sur la vérification des bulles et rescrits, sur
les appels comme d'abus déférés au Conseil d'Etat, etc.
Son principe sur cette matière se formule ainsi : « Les
institutions religieuses ont des rapports nécessaires avec
le gouvernement qui les admet et les protége. Ce n'est
point parce qu'un culte est dominant, que l'Etat a inspection sur les procédés ou les actes des ministres de
ce culte; il suffit qu'une religion soit autorisée par le
magistrat politique, pour que le magistrat doive s'occuper du soin de la rendre utile et d'empêcher qu'on n'en
abuse.... Un culte est-il dominant? il tient à l'Etat, non-
seulement par les rapports communs que tout culte peut
avoir avec la police de l'Etat, mais encore par les rapports particuliers qui lui assurent une existence privilé-

(1) Dès l'âge de vingt ans, en 1766, Portalis avait publié un
opuscule *Sur la distinction des deux puissances,* dans lequel il ex-
posait ses idées sur la division du pouvoir spirituel et du pouvoir
temporel.

giée. Un culte est-il simplement autorisé sans être dominant? dès lors les rapports particuliers qui naissent
de certains priviléges n'existent pas, mais il existe toujours les rapports communs qui sont inhérents à la
nature même des choses (1). » Sans doute; mais ce
que les auteurs des Organiques semblent n'avoir pas
voulu voir, c'est que, quelque opinion d'ailleurs qu'on
se forme, au fond, sur les appels comme d'abus, il y a
une immense différence entre porter ces recours,
comme on le faisait sous l'ancien régime, devant des
Parlements qui, dans un Etat catholique, devaient être
exclusivement composés de magistrats obligés d'affirmer
par serment qu'ils étaient catholiques romains; et les
soumettre à un corps composé d'hommes pouvant ap-
partenir à n'importe quelle religion ou même n'en professer aucune, comme le Conseil d'Etat d'un pays qui
admet la liberté des cultes. Nous avons bien le droit de
nous étonner qu'un esprit aussi logique que celui de
Portalis n'ait pas reculé devant une disposition qui
confère à des protestants, à des juifs, voire même à des
athées, le droit de juger si tel acte épiscopal est conforme aux canons de l'Eglise, le droit de prononcer sur
des questions qui intéressent essentiellement la discipline ecclésiastique. Il faut reconnaître, de bonne foi,
qu'il y a une distinction fondamentale, en matière
d'appels comme d'abus soumis au pouvoir civil, entre

(1) *Travaux sur le Concordat*, p. 200.

un Gouvernement ayant une religion d'Etat, un culte exclusif, et un pays où tous les cultes peuvent être librement professés, même par les fonctionnaires publics. Portalis laisse complétement de côté cette différence capitale, qui l'aurait embarrassé. Il n'est pas possible, pourtant, qu'il ne l'ait pas aperçue. Ailleurs (1) il nous paraît méconnaître la distinction des deux puissances, la ligne de démarcation du spirituel et du temporel, lorsqu'il veut que les souverains soient affranchis des excommunications et des censures apostoliques. C'est oublier que, dans le prince catholique, il y a deux hommes : le monarque et le simple fidèle ; et que l'égalité des fidèles devant l'autorité spirituelle légitime est non moins sacrée, plus sacrée peut-être que l'égalité des citoyens devant la loi civile. La logique, comme la conscience, s'oppose à ce que le souverain soit soustrait aux peines spirituelles ; et la déclaration de 1682 ne dit rien de semblable.

Nous ne saurions non plus dissimuler les regrets que nous causent les paroles de Portalis sur les ordres religieux : il les blâme en des termes dont la généralité est manifestement injuste. La prohibition générale et absolue des institutions monastiques eût été une grave atteinte à la liberté de conscience : aussi la disposition des Organiques ne tarda-t-elle pas à tomber en désuétude dès le premier Empire. Et, nous sommes heureux

(1) *Travaux sur le Concordat*, p. 142.

de le dire, Portalis lui-même comprit bientôt qu'il était
allé trop loin : car, dans un rapport à l'Empereur sur
diverses demandes du Souverain Pontife, en date du
21 ventôse an XII (1), il s'exprime ainsi sur cette
question : « Le rétablissement des congrégations est
prématuré : il faut bien asseoir le clergé qui appartient
à la hiérarchie fondamentale de l'Eglise, avant d'examiner si des congrégations sont nécessaires. » Ce langage
diffère sensiblement de celui qu'il avait tenu dans le
commentaire des Organiques : il ne proscrit plus, il
remet à un moment plus opportun.

Sur d'autres points, il faut le reconnaître, Portalis
justifie suffisamment les Organiques. Ainsi, l'on s'était
plaint à Rome de ce qu'au Titre *des Ministres*, où il est
question des archevêques, des évêques et des curés, il
n'était pas fait mention des droits du Souverain Pontife.
Portalis répond : « On ne parle point du Pape dans cet
article, parce qu'il ne s'agit que du régime intérieur des
diocèses et des paroisses. Le Pape est le chef visible de
l'Eglise universelle; sa primauté est reconnue; et comment pourrait-on craindre qu'elle ne le fût pas, puisque
la loi que nous discutons, et qui n'est intervenue que
pour assurer l'exécution de la convention passée entre
le gouvernement français et le Pape, suppose nécessai-
rement cette primauté et tous les droits attachés à la
chaire de Pierre (2)? » Plus loin, il dit formellement :

---

(1) 12 mars 1804. — *Travaux sur le Concordat*, p. 294.
(2) *Travaux sur le Concordat*, p. 211.

« Si l'on croit avoir à se plaindre du jugement porté par l'archevêque ou métropolitain, on peut recourir au Pape.... Le recours au Pape n'avait pas besoin d'être exprimé dans une loi particulière à l'Eglise de France. Ce recours appartient à la discipline générale qui régit le corps entier de l'Eglise (1). » Ces paroles lèvent le doute qu'avait un instant pu laisser sur ce point le silence des Organiques. On voit, par cet exemple, de quelle importance est le commentaire officiel qui nous occupe en ce moment, et quelle lumière il jette sur certaines questions qu'avait laissé douteuses le texte de l'Acte qu'il explique.

Certes, nous sommes loin de penser que ce grand travail ne contienne pas de propositions hasardées et même téméraires, au point de vue de la doctrine ecclésiastique. Mais, encore une fois, on ne saurait, sans une sévérité excessive, faire abstraction des circonstances difficiles dans lesquelles on se trouvait alors. On peut désirer quelque chose de plus libéral et de plus logique ; mais la justice exige qu'on tienne compte à Portalis des difficultés qu'il est parvenu à vaincre, aussi bien que de ses intentions et de la part vraiment immense qu'il a prise à la restauration du culte catholique en France. Son nom doit rester associé à celui de Napoléon, dans la reconnaissance de tous ceux qui apprécient la grandeur du service rendu à notre patrie par le

(1) *Travaux sur le Concordat*, p. 255.

Concordat sous l'empire duquel elle vit depuis plus d'un demi-siècle.

Il appartenait à Portalis de compléter son œuvre par la mise à exécution du Concordat et des Organiques. Nous avons vu qu'en 1801, tout en restant Conseiller d'Etat, il avait été chargé par le Premier Consul de toutes les affaires concernant les cultes. En juillet 1804, il fut nommé par l'Empereur Ministre des cultes. Suivons-le maintenant dans le maniement de ces affaires si délicates et si importantes.

Son administration fut empreinte d'une sagesse et d'une modération tout à fait opportunes. Il y déploya une habileté rare, un esprit éminemment conciliateur. Il proposa pour l'épiscopat des choix dont la suite à démontré la bonté. Obligé de lutter, d'un côté, contre les intentions hostiles d'un parti toujours ennemi du clergé et de la religion, et de l'autre contre quelques fautes dues à un zèle exagéré ou qui n'était pas selon la sagesse ; forcé souvent de concilier ce qu'il y a d'inflexible dans la religion avec ce qu'il y avait de tenace et d'absolu dans la volonté du prince, il ne fut jamais au-dessous d'une aussi difficile position. Ce fut le bonheur de Napoléon de trouver de tels hommes pour fonder l'ordre nouveau, pour organiser des ministères où tout était à faire.

Parmi les actes principaux de l'administration de Portalis, nous citerons le projet de loi sur l'organisation des séminaires métropolitains, dont il vient lui-même exposer les motifs au Corps législatif (1). Il démontre très-bien la nécessité d'une existence à part pour les aspirants au sacerdoce, nécessité que certains esprits faux ont, de nos jours, feint de méconnaître. Il reconnaît le droit naturel d'inspection qu'ont les évêques sur la vocation, les principes et les mœurs de ceux qui se destinent à la cléricature. Il propose un plan d'enseignement complet, trop complet même pour le peu d'années que les élèves passent dans les séminaires. Dans un autre rapport adressé à l'Empereur sur le même sujet (2), le ministre demande la création de *missionnaires* intérieurs, chargés d'aller prêcher dans les différentes paroisses, sur la demande des évêques. C'était une manière indirecte de suppléer aux anciens ordres religieux voués à la prédication. En retraçant les devoirs du sacerdoce chrétien, qui a mission d'enseigner toute vérité, il s'élève à des considérations qui n'ont point vieilli, et qui sont plus que jamais peut-être à méditer de nos jours. Nous citerons surtout cette pensée si vraie : « Notre siècle, qui s'honore à juste titre de tant de découvertes, a peut-être trop négligé les sciences morales, auxquelles seules il est pourtant donné de former des hommes et des citoyens. Là situation affligeante de nos mœurs nous fait sentir le besoin

(1) 12 ventôse an XII, 3 mars 1804. — *Travaux sur le Concordat*, p. 313.

(2) 12 août 1806. — *ibid.*, p. 328.

de communiquer un nouveau mouvement, une nouvelle vie à ces sciences, mais on ne pourra y parvenir que par l'enseignement religieux (1). »

Aussi Portalis tenait-il essentiellement à réaliser la prescription des Organiques qui ordonnait l'unité de catéchisme pour toutes les églises de l'Empire français. À cet effet, il fit rédiger un catéchisme, emprunté presque tout entier à celui que Bossuet avait composé pour le diocèse de Meaux (2); il le soumit à l'approbation du Cardinal Légat *à latere* du Saint-Siége près de l'Empereur, afin d'en faire scrupuleusement vérifier l'orthodoxie; enfin, il adressa à Napoléon un rapport dans lequel il concluait à la publication de ce catéchisme unique et uniforme pour tous les diocèses de France. Ce rapport, qui fut suivi d'un décret conforme, honore infiniment son auteur et met en lumière l'étendue de ses connaissances en ces matières, en même temps que la sincérité de sa foi. « L'enseignement religieux, dit Portalis, n'importe pas moins à l'Etat qu'à la religion même; il enveloppe, pour ainsi dire, l'homme dès sa plus tendre enfance. Il met les plus grandes vérités à la portée de tous les âges et de toutes les classes.... Si les hommes les plus simples et les plus grossiers sont aujourd'hui plus affermis sur la spiritualité et l'immortalité

(1) *Travaux sur le Concordat*, p. 535.
(2) Toutefois il y avait de singulières additions, notamment sur l'obéissance due au pouvoir temporel et sur la conscription.

de l'âme, sur l'existence et l'unité de Dieu, sur les principales questions de morale, que l'étaient les sages de l'antiquité, nous en sommes redevables au christianisme, qui, en ordonnant les bonnes œuvres et en commandant la foi, épargne au commun des hommes les circuits, les incertitudes et les sinuosités de la science humaine (1). »

Nous ne pouvons que mentionner les rapports sur le Jubilé de 1803, sur le droit de joyeux avénement, sur la réunion des cures des cathédrales aux Chapitres, sur les Fabriques, sur l'état des églises et presbytères, sur la position des desservants, sur les prestations volontaires des fidèles envers les curés, etc. On y retrouve partout l'esprit ferme et sûr de l'administrateur éclairé, de l'organisateur habile. A propos des Fabriques, il dit fort justement à l'Empereur : « En administration, il s'agit moins de faire des règlements qui soient bons en soi que d'en faire de convenables; les idées impraticables d'uniformité ne peuvent donc servir de prétexte à changer tout ce qui existe (2). »

Le ministre adressa à l'Empereur d'assez nombreux rapports sur les associations religieuses. Là, comme dans le commentaire des Organiques, il laisse percer des préventions assez vives contre les ordres monastiques d'hommes. Il ne les envisage que comme des auxi-

_____

(1) 4 avril 1806. — *Travaux sur le Concordat,* p. 371.
(2) Juillet 1806. — *ibid.,* p. 397.

liaires du clergé, et juge dès lors leur existence super-
flue lorsque le clergé séculier est assez instruit et assez
nombreux. Il oublie que la plupart des Ordres avaient
des missions spéciales : les Bénédictins, l'étude et les
grands travaux historiques et d'érudition ; les Domini-
cains, la prédication, etc. Il semble craindre que de
nouveaux ordres ne s'élèvent à côté du clergé séculier,
comme un pouvoir rival et absorbant. Aujourd'hui que
nous avons vu renaître plusieurs Ordres par la liberté,
et grâce à la liberté seule, il n'est plus besoin de réfuter
ces défiances : l'expérience en a fait justice. Mais, en
revanche, Portalis défend avec chaleur les associations
religieuses de femmes vouées au service des pauvres et
des malades et à l'éducation des jeunes filles. On voit,
à chaque page de ses rapports, qu'il aime et qu'il com-
prend cette charité sublime, puisée dans la religion, qui
inspire tant de dévouements héroïques. « Quand il s'a-
git d'une institution religieuse, dit-il, on tue l'institution
si on veut la séparer de ce qui en fait l'âme. Les philosophes eux-mêmes ont reconnu que, sans la religion,
les pauvres n'eussent jamais été servis que par des
mercenaires ; qu'il aurait pu exister quelques personnes
privilégiées qui seraient venues à leur secours, mais que
la religion seule a pu consacrer des corporations en-
tières et nombreuses d'hommes et de femmes au service de l'humanité souffrante. Ce sont les petites prati-
ques de piété qui entretiennent et encouragent les
grands actes de bienfaisance. Ce serait une grande

erreur de penser que l'on pourrait conserver le bien
que les associations religieuses produisent en tarissant
la source qui les produit (1). » Le ministre qui savait
tenir un tel langage, — qu'on n'est guère habitué, il faut
en convenir, à rencontrer dans les actes administratifs,
— fut heureux de faire autoriser plusieurs congrégations religieuses de femmes. Lorsque le Conseil d'Etat
fut appelé à donner son avis sur le projet, qui allait devenir le décret du 3 messidor an XII (22 juin 1804), la
question de l'existence et de l'utilité de ces associations
y fut discutée, sur le rapport de Portalis. Jamais on n'a
mieux fait ressortir la grandeur des services rendus par
ces saintes filles; jamais on n'a mieux vengé ces insti-
tuts des reproches que leur adressaient ceux qui ne
les connaissaient pas et qui ne voulaient pas les comprendre.

Parmi les nombreux rapports sur des objets concernant la liberté et la police des cultes, nous remarquons
celui par lequel le ministre repousse avec raison l'idée
de faire célébrer religieusement l'anniversaire de la
prise de la Bastille, et ceux qui ont trait aux anniver-
saires des victoires nationales et du rétablissement du
culte. Au sortir d'une révolution qui avait mis à l'ordre
du jour les cérémonies païennes les plus ridicules, on
est heureux d'entendre un membre du Gouvernement
dire au chef de l'Etat : « Les cérémonies et les pompes

(1) 24 fructidor an XIII. — *Travaux sur le Concordat*, p. 553.

civiles ne sont rien si elles ne se rattachent aux pompes
et aux cérémonies de la religion..... Une fête religieuse
seule parle à l'homme tout entier ; la religion donne un
sens réel aux cérémonies et aux pompes solennelles (1). »
Il faut citer encore, comme dignes d'attention, deux
circulaires relatives à la question si grave du mariage
civil des ecclésiastiques. Portalis, — tout en pensant
qu'un tel mariage, s'il venait à être une fois contracté,
ne serait pas légalement nul, — fait savoir à l'archevêque de Bourges que l'Empereur défend à tous les
officiers de l'état civil de recevoir l'acte de mariage
d'aucun prêtre. Cette mesure prohibitive était, aux
yeux du ministre, un acte de haute police rentrant
dans les attributions du souverain. Ce système mixte
n'était sans doute pas très-légal ; mais il avait pour but
d'obvier aux inconvénients énormes, aux abus effrayants
auxquels une tolérance contraire aurait pu donner lieu.
Comme le dit très-judicieusement Portalis, « il n'y aurait plus de sûreté dans les familles si un prêtre, actuel-
lement employé, pouvait se choisir arbitrairement une
compagne dans la société, et abdiquer son ministère
quand il croirait pouvoir mieux placer ailleurs ses affections. Un prêtre a, plus qu'un autre, des ressources
pour séduire ; on ne pourra jamais être rassuré contre
lui si la séduction est encouragée par l'espoir du ma-

---

(1) 4 janvier et 19 février 1806. — *Travaux sur le Concordat,*
p. 554, 550.

riage. Les pères de famille seront toujours dans la crainte, et de jeunes personnes sans expérience seront à la merci d'un prêtre sans principes et sans mœurs. Ainsi la religion elle-même offrira des piéges à la vertu et des ressources au vice (1). » De tels abus ne sauraient être tolérés dans une société où le catholicisme est la religion de la très-grande majorité des citoyens.

Dans un autre rapport sur le respect dû par tous les citoyens aux cérémonies extérieures d'un culte autorisé par l'Etat, le Ministre dit très-justement : « Le maintien décent qu'on exige de tout homme qui, pour quelque cause que ce soit, se trouve présent à une cérémonie religieuse, n'est point exigé comme un acte de croyance, mais comme un devoir de sociabilité; c'est une précaution de police à laquelle nous ne sommes pas soumis comme fidèles, mais comme citoyens..... Un tel respect est une conséquence nécessaire de la tolérance que les fidèles des divers cultes se doivent réciproquement (2). »

Nous signalerons enfin un curieux rapport adressé à l'Empereur, contre le projet d'obliger tous les établissements d'éducation à envoyer leurs élèves recevoir l'instruction dans les lycées. Cette fois, Portalis se fait franchement l'avocat de la liberté d'enseignement. « Il est à remarquer, dit-il, que, sous aucun régime, on n'a prohibé l'établissement des pensionnats et des écoles

(1) 28 prairial an XIII, 17 juin 1805. — *Travaux sur le Concordat*, p. 570.

(2) *Ibid.*, p. 576.

particulières ; dans tous les temps, on a vu ces pensionnats et ces écoles se former à côté des colléges publics ;
aucune loi n'a jamais ordonné que l'on serait forcé
d'aller en classe et d'étudier dans ces colléges. Les
mêmes principes qui autorisent les pères de famille à
faire élever leurs enfants dans leurs propres maisons
par des instituteurs domestiques, garantissent à tous les
pères le droit naturel de confier leurs enfants à tels instituteurs que bon leur semble, et de les placer dans tels
pensionnats ou dans telle école qu'il leur plaît de choisir. On voulut vainement gêner cette liberté dans le
temps de la plus grande terreur ; les écoles publiques
continuèrent à être désertes, et les pères de famille
demeurèrent arbitres de l'éducation de leurs enfants.
C'est déjà une forte objection contre la mesure proposée
que l'essai malheureux qu'on en a fait pendant la Révolution. D'ailleurs ne répugnera-t-il pas toujours au chef
auguste de la grande famille de consacrer un système
qui ne tendrait à rien moins qu'à détruire, sur un objet
aussi délicat que l'éducation des enfants, tous les droits
sacrés de la paternité (1) ? » Vraiment nous nous étonnons que cette imposante autorité n'ait pas été invoquée,
il y a quinze ans, lors des grandes luttes parlementaires
sur la question de la liberté d'enseignement (2).

---

(1) *Travaux sur le Concordat*, p. 628. Ce rapport porte la date
du 17 vendémiaire an XIII, 9 octobre 1804.

(2) Toutefois, si nous en croyons M. Mignet (*Notice historique sur la*

Dans d'autres rapports très-intéressants sur des ma-

vie et les travaux des deux **Portalis**, spécialement de Portalis le fils,
lue dans la séance publique annuelle de l'Académie des sciences
morales et politiques, le 26 mai 1860, et publiée dans le journal
l'*Institut*, numéro de novembre-décembre 1860), Portalis aurait été
l'un des promoteurs de la création de l'Université impériale. N'ayant
trouvé nulle part ailleurs trace de ce fait, nous en laissons toute la
responsabilité à M. Mignet, dont nous croyons devoir citer textuelle-
ment le passage relatif à cette matière :

« Outre les œuvres importantes auxquelles M. Portalis (le père)
eut la gloire d'attacher son nom, il eut le mérite moins connu d'inspirer une grande création. Le temps avait sécularisé l'intelligence,
la révolution devait séculariser l'enseignement. Faire donner par
l'Etat, et à tous les degrés, l'instruction dans tout le pays, fut le
problème difficile que tentèrent tour à tour de résoudre les assemblées
et les gouvernements de la France depuis 1809. Les essais avaient
été multipliés. Après le vaste et ingénieux système exposé par M. de
Talleyrand sous l'Assemblée constituante, qui le décréta sans le
réaliser, s'étaient succédé sous la Convention, le Directoire et le
Consulat, des conceptions chimériques ou des établissements impar-
faits. Un jour, à Saint-Cloud, le grand réorganisateur qui avait refait
l'administration de l'Etat, qui avait réglé la société civile, qui avait
opéré la pacification religieuse, voulait pourvoir aux besoins de l'intelligence en fondant l'instruction publique. Il s'en entretenait avec
Fourcroy, qui en avait la direction. M. Portalis assistait à cette confé-
rence, et y développa le plan d'après lequel l'enseignement serait
confié à un grand corps qui l'animerait de son esprit et le donnerait
avec efficacité. Il proposa de rendre ce corps universel, comme le
demandait un pays devenu homogène ; d'accorder à ses membres
sortis d'un séminaire laïque et formant une sorte de clergé intellec-
tuel, des priviléges qui n'altéreraient pas le droit commun, et d'exiger d'eux des engagements qui n'aliéneraient pas leur liberté ; de les
distribuer en une hiérarchie régulière ayant à sa tête un chef, conduite par un conseil suprême, soumise à une juridiction spéciale,

tières relatives à l'enseignement public (1), le ministre des cultes insiste vivement pour que l'instruction religieuse tienne une large place dans l'enseignement primaire. « La morale et la religion, dit-il, sont la seule philosophie du peuple. Si on en néglige l'enseignement, les habitants des campagnes deviendront sauvages ou indisciplinables (2).

Un des derniers actes de la vie de Portalis fut de prendre la défense de l'abbé Frayssinous, dont les belles

possédant une dotation particulière, vivant sous une loi respectée, et capable par là de remplir avec sécurité et avec habileté l'important service moral de l'instruction publique. Ce projet, qui empruntait quelques formes au passé, en les associant à quelques vues du présent, était la centralisation séculière de l'intelligence et de l'enseignement dans une corporation tout à la fois éclairée et libre, constituée bientôt en Université de France. Dans cet entretien, M. Portalis avoit soutenu la prééminence des lettres qui donnent l'instruction fondamentale et forment l'esprit général, sur les sciences qui ont des objets spéciaux et ne pourvoient qu'à une instruction particulière. Aussi Napoléon ne fit pas d'un savant célèbre, mais d'un lettré éminent le grand maitre de l'Université, et il remplaça Fourcroy par M. de Fontanes. »

M. Mignet ne nous dit pas que Portalis ait proposé de doter l'Université du monopole de l'enseignement en France, et le passage que nous avons extrait de son rapport du 17 vendémiaire an XIII, nous le montre entièrement opposé, en principe, à ce monopole privilégié, attentatoire à la liberté de la famille, créé par la loi du 10 mai 1806, et heureusement abrogé en partie, en ce qui touche l'enseignement secondaire, par la loi du 15 mars 1850.

(1) 17 vendémiaire an XIII ; 9 octobre 1804 ; 15 février 1806 ; 13 janvier 1807. — *Travaux sur le Concordat*, p. 636, 640, 644.

(2) *Ibid.*, p. 643.

conférences sur la religion, prêchées à Saint-Sulpice, avaient été dénoncées à la police; une mesure inconvenante avait même été prise envers l'orateur par le préfet de police. Le ministre des cultes s'en plaignit vivement, justifia sans peine le prédicateur, qu'il était plusieurs fois allé entendre en personne, et défendit auprès de l'Empereur la sainte liberté du ministère de la parole (1).

Portalis mourut dans l'exercice des fonctions de ministre des cultes, en 1807. Il n'est pas téméraire de penser que, s'il eût vécu quelques années de plus, il aurait eu la gloire de prévenir peut-être ou tout au moins d'aplanir et de pacifier, par sa mansuétude et son esprit si conciliant, le regrettable conflit entre l'Empereur et le Pape, qui attrista la dernière époque du règne de Napoléon.

V.

Il nous reste à considérer, pour compléter notre tâche, l'écrivain, le littérateur, le philosophe, l'académicien.

Déjà, sans doute, nous l'avons vu se révéler par ses œuvres législatives, par ses discours, par ses rapports, par toutes ses paroles empreintes de cette forme littéraire toujours pure, toujours conforme au bon goût, et

(1) Mars et mai 1807. — *Travaux sur le Concordat*, p. 579-590.

de cette sagesse pratique qui est la meilleure de toutes les philosophies. Il n'aurait certes pas besoin d'autres titres pour mériter le renom littéraire et la réputation d'écrivain qui se sont justement attachés à son nom. Mais cette étude resterait incomplète si nous passions sous silence l'ouvrage considérable qui n'a vu le jour que depuis sa mort, et l'éloge par lequel il inaugura son entrée à l'Académie française, où il devait siéger si peu de temps.

C'est en exil que Portalis dicta à son fils l'ouvrage qu'il a intitulé : *De l'usage et de l'abus de l'esprit philosophique durant le XVIIIe siècle* (1). Son esprit

---

(1) Cet ouvrage, publié par le fils de l'auteur, a eu trois éditions ; la première a paru en 1820, la seconde en 1827, la troisième en 1854. Il forme deux volumes in-8°.

Portalis avait été auteur de très-bonne heure. A peine sorti du collège, et âgé seulement de dix-sept ans, il avait publié deux petits écrits, dont voici les titres :

Des Préjugés. (Sans lieu ni date. Publié en 1762.) 50 pages in-12. Il y est traité des préjugés d'usage et de société, des préjugés de parti, des préjugés de siècle, des préjugés de système, des préjugés de politique.

Observations sur un ouvrage intitulé : EMILE, OU DE L'ÉDUCATION, par M. Portalis. Avignon, Chambeau, 1763. 45 pages in-12.

Naturellement ces ouvrages se ressentaient de la jeunesse de l'auteur. Mais déjà on avait pu remarquer qu'il n'était ébloui ni par la célébrité des philosophes modernes, ni par leur ton paradoxal ; et qu'il avait le courage de se montrer religieux à un âge et à une époque où la mode voulait que l'on se montrât incrédule.

Le philosophe de dix-sept ans eut l'honneur de trouver des contra-

avait besoin d'une activité incessante : le repos l'aurait
fatigué. Il voulut faire une œuvre utile à son temps, et
essayer de le guérir de cette fausse philosophie qui avait
tout envahi et qui pouvait tout corrompre, si l'on n'y
eût remédié à temps. Il définit l'esprit philosophique
« le coup-d'œil d'une raison exercée, qui est pour
l'entendement ce que la conscience est pour le cœur. »
Puis il examine successivement ses rapports avec les
sciences exactes, la métaphysique, les lettres et les arts,
l'histoire, la morale, la religion positive, le christianisme, la législation et la politique. Ce plan, simple et
clair, est déroulé avec beaucoup de méthode et de luci-
dité. Jamais philosophe ne s'exprima en termes plus
intelligibles pour tous. Il s'abstient soigneusement de
ce prétentieux langage, nous allions dire de ce jargon
plus ou moins philosophique qui rend inaccessibles à
tant de personnes les ouvrages de ce genre. Partout on
admire une précision et une justesse d'expressions qui
dénotent le jurisconsulte exercé, une richesse d'idées et
une étendue de connaissances qui permettent d'apprécier quelle était la souplesse et la promptitude de ce
grand esprit; chaque page est empreinte d'une érudition de bon aloi, qui ne dit que ce qu'il faut dire, et
qui jamais n'apparaît pour s'étaler. Les ouvrages de

dicteurs. Il parut à Avignon, en 1764, une *Réponse aux deux lettres
sur les deux ouvrages de M. Portalis, étudiant à l'Université
d'Aix;* Avignon, 1764.

philosophie fatiguent trop souvent l'homme qui n'est pas versé dans ce genre d'études spéculatives ; celui-ci produit l'effet tout contraire, il subjugue le lecteur et ne lui permet pas de poser le livre avant de l'avoir achevé. On se plait à cette conversation animée, qui exerce sur l'esprit une fascination à laquelle on n'est pas tenté de se soustraire, tant on y trouve de charme et de lumière. Portalis se montre tour à tour savant, littérateur, artiste, érudit ; bien plus, il est toujours aimable et jamais pédant. Il eût pu, sans orgueil, donner pour épigraphe à son œuvre ce vers, si beau dans le sens où on le prend communément (non dans celui que Térence entendait) :

> Homo sum, homani nil à me alienum puto.

Nos grands auteurs, nos grands artistes sont jugés avec un goût sûr et épuré. Ils passent sous nos yeux dans une revue éloquente, devant une sorte de tribunal fort compétent. L'auteur se complaît, en plus d'un endroit, dans des considérations pleines d'intérêt sur les développements successifs et le perfectionnement de notre langue nationale. Ce genre d'observations sied bien à un orateur pour lequel le langage n'avait plus de secrets.

Lorsque Portalis arrive à l'histoire, il lui trace la voie qu'elle a depuis si heureusement suivie, et qui en a fait une science attrayante, au lieu d'une sèche énumération de dates et de faits : « L'histoire, dit-il, est, par sa destination naturelle, un cours de sagesse pratique..... Un historien ordinaire expose les faits ; un historien

philosophe remonte aux causes et déduit les conséquences; dans l'univers moral, il étudie les actions
humaines et les événements qu'elles produisent, avec la
même circonspection qu'il étudie les phénomènes de la
nature dans l'ordre physique (1). »

Il fait la guerre à ce faux goût qui porte l'historien à
se substituer parfois à ses personnages, et à prendre
lui-même la parole au lieu de la leur laisser. Ecoutons
ses conseils : ils ont porté leurs fruits et seront toujours
de saison. « La plupart des historiens, dit-il, ne sont
que des écrivains moins jaloux d'instruire que de bril-
ler.... Avec des récits de batailles qui ne prouvent que
la rhétorique du narrateur, et avec des portraits de
fantaisie, qui font plus d'honneur à son esprit qu'à son
jugement, presque toutes nos histoires modernes se
ressemblent..... Sous prétexte de ne pas compromettre
la gravité du sujet et la noblesse du style, on négligeait
les discours, les actions, les circonstances qui peuvent
le mieux nous faire apprécier les personnages de l'histoire.... L'histoire n'était qu'une décoration de théâtre :
on voyait les acteurs, jamais les hommes (2). » Plus
loin, il combat l'esprit de parti, décidé d'avance à atta-
quer quand même certaines institutions, pour les besoins de la cause, et alors qu'il connaît l'injustice de ses

(1) *De l'usage et de l'abus de l'esprit philosophique,* 3e édition;
tome II, page 15.

Tous nos renvois se rapportent à la troisième et dernière édition.

(2) T. II, p. 18.

reproches. Citons seulement la petite leçon que notre auteur donne, en passant, au trop partial Voltaire : « Au lieu de l'esprit de lumière, dit-il, on n'a porté que l'esprit de système ; chaque philosophe ne s'est occupé qu'à accréditer ses opinions et ses pensées particulières. Voltaire, par exemple, a prétendu faire une histoire universelle philosophique ; il n'a fait qu'une histoire *anti-ecclésiastique*. Il est à regretter que cet homme, qui connaissait si bien la société (1) ; qui avait, plus que personne, le tact exquis des convenances, et qui semblait né pour écrire l'histoire avec autant de philosophie que de grâce, n'ait été historien que pour se rendre le détracteur de l'Eglise, lorsqu'il pouvait être le conseil des Etats et des souverains (2). »

En morale, Portalis réfute éloquemment le matérialisme ignoble du siècle dernier. Répondant aux athées déclarés, il demande « quel degré de certitude aurait la morale et quelle pourrait être la garantie des devoirs, si l'on faisait abstraction de toute idée religieuse.... Un Dieu législateur, dit-il, donne à la morale un degré de fixité, de certitude, d'autorité et d'universalité, qu'aucun homme, quel qu'il soit, ne peut communiquer à la doctrine qu'il suit ou qu'il professe ; car la raison d'aucun homme n'a le droit d'asservir celle d'un autre.... La vertu, sans l'existence de Dieu, n'est qu'un calcul de

---

(1) La société de son temps, oui ; mais il connaissait fort mal le passé, et la vraie science historique lui était tout à fait étrangère.

(2) T. II, p. 21.

l'intérêt ou une abstraction de l'école.... S'il n'y a point de loi qui ne dépende pas de nous, il n'y a point de morale proprement dite. Dès lors les actions ne sont pas seulement libres, mais arbitraires. S'il y a une loi que nous n'ayons pas faite, il y a donc un législateur qui n'est pas nous (1). »

Il est ainsi tout naturellement amené à combattre vigoureusement le système des philosophes modernes, athées, déistes et théistes, en matière de religion positive. Il marque à merveille le rôle et les droits de la raison : « La raison, dit-il, n'est pas la science; elle n'est qu'un des moyens qui nous ont été donnés pour l'acquérir; elle est la faculté de comparer, de juger, de composer et de décomposer les matériaux qui forment ensuite la science. La raison ne crée pas les matériaux, elle les reçoit.... Elle devient ainsi l'instrument nécessaire au moyen duquel l'homme doit rechercher s'il existe une révélation suffisante pour satisfaire tout homme raisonnable (2). » Les bases de la certitude en matière de religion sont posées et établies de la façon la plus solide et la plus saisissante. Pas une objection n'est laissée sans réponse. Là surtout, on reconnaît le dialecticien du barreau. Le raisonnement est serré, pressant, persuasif. Le style est tout à fait oratoire.

Portalis consacre de belles pages à la défense de la

(1) T. II, p. 75, 80, 82, 66.
(2) T. II, p. 97, 103.

religion, et mérite à coup sûr un rang distingué parmi ses apologistes. Ces nerveuses discussions devraient être plus connues et plus souvent citées. N'oublions pas qu'elles ont été composées avant le *Génie du Christianisme*. L'écrivain fait toucher du doigt le vide, le néant et le danger du scepticisme. Il établit, par des citations qui dénotent une connaissance approfondie des Livres sacrés, de la Bible et de l'Evangile, que le christianisme n'exige des hommes qu'une obéissance *raisonnable*. Il fait ressortir l'inimitable perfection, la sublimité touchante de la morale évangélique, la majesté et l'utilité des cérémonies du culte, la sainteté auguste du ministère sacerdotal. Il jette un coup-d'œil sur l'établissement du christianisme, discute la valeur des prophéties et des miracles, et conclut enfin que, « si la possibilité d'être instruit par une révélation existe, comme il l'a démontré, on n'est point excusable de repousser, sans examen, toute vérité révélée. »

Les chapitres qui traitent de la législation et des lois pénales doivent particulièrement appeler notre attention. L'auteur s'occupe surtout du droit public, et nous n'avons pas besoin de dire qu'il condamne l'absolutisme, puisque c'est la négation du droit. Il se livre à un parallèle curieux entre les doctrines libérales du moyen âge, « des siècles prétendus barbares, » et les maximes d'arbitraire que des siècles soi-disant plus éclairés, voire les xvii⁰ et xviii⁰, n'eurent pas honte de professer. Il se plaint de l'amalgame confus de coutumes non écrites

et de droit romain qui régissait la France, et aspire à
l'unité et à la clarté que devait bientôt réaliser, sous ses
auspices, le Code civil. Il blâme surtout cette vieille
législation criminelle qui présumait coupable celui qui
était accusé, qui demandait des preuves à la question et
à la torture, pour aboutir à des peines arbitraires, me-
surées souvent non sur la qualité du crime, mais sur le
degré de la preuve! Tout en admirant Montesquieu, il
réfute ses idées par trop systématiques sur les principes
des gouvernements, et sur la prétendue connexité du
catholicisme avec le système monarchique. Pour ce qui
est de la pénalité, Portalis, sans méconnaître l'heureuse
influence exercée par la philosophie sur la procédure et
les lois criminelles, n'a garde de suivre les philosophes
dans les utopies où la plupart s'étaient lancés sur cette
matière. Il démontre très-bien la légitimité de la peine
de mort, tant de fois mise en question; il démolit un à
un les sophismes avancés contre le droit de défense
sociale garanti par cette peine « qui épargne plus de
sang qu'elle ne peut jamais en faire verser (1). » Il
établit l'inanité et l'insuffisance des peines que les
rêveurs voudraient lui substituer, et invoque, à l'appui
de sa thèse, les essais d'abolition tentés par quelques
souverains au xviiie siècle. « La vengeance publique,
quelque sévère qu'elle soit, ajoute-t-il, épargne une
infinité de maux du genre humain, en prévenant les

(1) T. II, p. 514.

trop fréquentes et trop sanglantes scènes des vengeances particulières, qui ne s'exerceraient jamais de sang-froid, et qui s'exerceraient toujours sans mesure (1). » Dans cette remarquable dissertation, à laquelle nous renvoyons les rares esprits qu'effraie encore de nos jours la peine capitale, Portalis garde un juste milieu entre l'excès de sévérité des vieux criminalistes et la sensiblerie ridicule de ces prétendus philanthropes « qui n'ont d'entrailles que pour le crime, » comme a dit Joseph de Maistre.

Notre auteur ne manque pas d'examiner ce que c'est que ce fameux *état de nature* tant prôné par certains philosophes ; et, peu touché de leurs chimères, qui avaient séduit le xviiiᵉ siècle presque entier, il dit bien haut : « L'état sauvage n'est que l'enfance du monde…. Jusqu'où rétrogradera-t-on pour ne rencontrer que la nature ?… La civilisation a été, pour les peuples, ce que l'éducation est pour les particuliers (2). » Puis il raille agréablement les *inventeurs* du contrat social, et leur pose cette insoluble question : « Existe-t-il *un seul exemple* d'une convention par laquelle un peuple soit devenu un peuple? » Et il répond lui-même : « La société n'est point un pacte, mais un fait (3). »

Passant en revue les fondements de la liberté et de

(1) T. II, p. 318.
(2) T. II, p. 251, 252, 235.
(3) T. II, p. 238.

l'égalité, il prouve qu'il n'y a de liberté solide que celle qui trouve sa garantie dans les lois. Il repousse sagement les idées exagérées en matière d'égalité. Enfin, il défend le principe de la propriété et contre ceux qui l'attaquaient en lui-même, et contre ceux qui y portaient atteinte en abusant de l'expression : *domaine éminent du souverain*, expression dont le vrai sens, comme nous avons eu déjà occasion de le voir dans le cours de cette Étude, ne suppose au prince aucun droit de propriété, et n'est absolument relatif qu'à des prérogatives inséparables de la puissance publique. L'examen que fait ici notre auteur de la théorie de l'impôt et de ses diverses formes, nous révèle qu'il était très-versé dans cette science nouvelle à laquelle on a donné le nom d'économie politique.

Portalis termine son ouvrage en recherchant comment les philosophes étaient devenus, au xviiie siècle, une véritable puissance dans l'Etat; puis en étudiant l'influence réciproque des mœurs sur les faux systêmes de philosophie, et des faux systèmes de philosophie sur les mœurs. Dans ce morceau final, il esquisse à grands traits les phases successives de la Révolution française, et met au jour plus d'un détail que l'histoire devra recueillir (1). Il recherche avec une sagacité pénétrante les causes de tant de maux qu'essuya notre patrie, et il

(1) Il révèle de curieuses particularités sur la violation de toutes les formes judiciaires à l'égard des accusés.

est amené à conclure que le faux esprit philosophique est bien près de la barbarie.

Ce grand ouvrage est un livre de bonne foi et une bonne action : tout y respire cet ardent amour de la vérité et de la justice, qui nous semble le cachet que Portalis a su imprimer à tous ses travaux. Nous avons tenu à donner au moins une idée de cette œuvre trop peu connue, empreinte encore en certains endroits de quelques préjugés regrettables, mais dont l'ensemble constitue un beau monument élevé à la saine philosophie, dans un moment où le triomphe de l'erreur et des doctrines les plus perverses semblait assuré. Portalis devança son temps. Ce livre, écrit au xviiie siècle, il ne faut pas l'oublier (1), est à la fois une protestation et une prophétie.

Portalis fut appelé à présider l'Académie de Législation établie à Paris pour restaurer en France les études juridiques. En novembre 1803, il présida la séance de rentrée : il y prononça un discours aussi bien écrit que bien pensé sur l'étude des lois et sur la nécessité d'y joindre l'étude de l'éloquence. « La jurisprudence et l'éloquence sont sœurs, dit-il ingénieusement ; Platon

---

(1) De 1797 à 1800, pendant l'exil de l'auteur en Allemagne. Cet ouvrage aurait été bien plus remarqué et serait bien plus connu s'il eût été publié à l'époque de sa composition. Il eût précédé le *Génie du Christianisme*, qui ne parut qu'en 1802. Mais l'œuvre de Portalis ne fut imprimée, nous l'avons déjà dit, que treize ans après sa mort, en 1820, un an avant les *Soirées de Saint-Pétersbourg*.

forma Démosthènes; Cicéron fut philosophe, jurisconsulte et grand orateur (1). »

Lors de la division de l'Institut en plusieurs académies, Portalis fut désigné par le chef du Gouvernement pour faire partie de la classe dite de la Langue et de la Littérature françaises, — qui a repris depuis (en 1816) son ancien nom d'*Académie française*, — classe où tous les genres de talents doivent avoir leurs représentants si l'on veut que ce corps puisse complétement régler la langue et faire la loi en cette matière. Il y était appelé par les vœux de tout ce qui restait d'anciens académiciens. Il composa, pour son entrée dans cette illustre Compagnie littéraire, l'éloge de l'avocat général Séguier (2). L'affaiblissement toujours croissant de sa vue l'obligea à composer de tête; mais, grâce à sa prodigieuse mémoire, il apporta à l'expression de sa pensée le même scrupule que si la plume l'eût fixée sous ses yeux, ajoutant, effaçant d'après les préceptes les plus sévères de Boileau, soumettant à ses amis les épreuves successives de cette imprimerie mentale, et

(1) *Moniteur* du 4 frimaire an XII ; 26 novembre 1803.

(2) *Eloge d'Antoine-Louis Séguier*, avocat général au Parlement de Paris, l'un des quarante de la ci-devant Académie française ; prononcé à une séance publique de la deuxième classe de l'Institut, le 2 janvier 1806; par J.-E.-M. Portalis, ministre des cultes, membre de la classe de la langue et de la littérature françaises de l'Institut. Paris, Nicolle, 1806.

Ce discours a paru dans le *Moniteur* des 5, 6 et 7 janvier 1806.

conservant sans confusion dans son esprit les correc-
tions et les avis. Cette remarquable composition, dont
l'effort rappelle celui de deux grands poëtes, fut lue
par Fontanes à l'Académie, à la séance publique du
2 janvier 1806. Elle commence par un magnifique éloge
des fonctions du ministère public, cette institution que
les Anciens n'ont point connue. Portalis définit origina-
lement cette utile magistrature : « *le champion de tous
contre tous;* » il l'appelle « un sublime ministère qui
demande des hommes puissants en paroles autant qu'en
actions. » Voici comment il résume les travaux du magistrat du parquet : « Connaître les différentes lois, et
surtout en bien pénétrer le véritable esprit, ce qui est
une connaissance bien supérieure à celle des lois
mêmes; apporter dans ses recherches et dans ses discussions le discernement nécessaire pour ne pas gouverner par les mêmes principes des choses qui sont
d'un ordre différent; recourir à l'équité naturelle, dans
le silence, l'opposition et l'obscurité des lois positives;
mais ne mettre jamais sa raison particulière à la place
de la loi, raison publique; en étudiant les lois, ne pas
négliger l'étude des hommes; observer toutes les passions qui s'agitent autour de nous, sans en partager
aucune; conserver le calme de la sagesse au milieu du
tumulte des intérêts divers qui assiégent le sanctuaire;
enfin chercher la vérité à travers les artifices employés
pour l'obscurcir; et, après l'avoir trouvée soi-même,
user de tous les moyens qui peuvent la rendre sensible

aux autres : telle était l'honorable et difficile tâche d'un avocat général ; telle est celle de tout homme appelé, sous quelque dénomination que ce soit, à exercer le ministère public près les tribunaux. Quel vaste champ pour un orateur philosophe ! »

Après avoir constaté, en la déplorant, la faiblesse de l'éloquence du barreau jusqu'au xviiᵉ siècle et dans ce siècle même, et en avoir recherché les causes avec beaucoup de discernement et de sagacité, Portalis célèbre l'heureuse révolution qui s'opéra dans l'éloquence judiciaire grâce à l'initiative de Daguesseau, de Terrasson et de Cochin : mouvement salutaire, qui substitua au fatras des comparaisons ridicules et à l'abus vraiment inouï des citations déplacées, l'art, si précieux en toutes choses, de ne rien dire de trop. L'art de penser, l'art de bien voir naturalisa l'art de bien dire. C'est pendant le cours de cette excellente réaction que Séguier commença sa carrière oratoire.

L'académicien passe en revue les principales causes dans lesquelles l'avocat général se fit entendre : affaires de testaments ; questions d'état, de légitimité et de filiation, etc. Il admire le courage et la franchise que Séguier ne manqua jamais de déployer lorsqu'il porta la parole devant des souverains étrangers. « Il savait parler aux puissants de la terre un langage peu connu dans les cours, et leur laissait entrevoir, dans des discours mêlés de justes éloges et de grandes instructions, combien la majesté dont on environne l'administration

9

de la justice contribue à l'affermissement des Empires et à la majesté même des rois. » Il loue Séguier d'avoir su, tout en écrivant ses discours, les débiter sans les lire, avec cette facilité qui fait jouir l'auditeur des talents de l'orateur sans lui faire partager ses travaux et ses peines. Puis, comparant le genre judiciaire aux autres genres d'éloquence, il montre son importance et sa grandeur, son utilité et son éclat ; on voit qu'il trace ce tableau avec l'amour que n'avait jamais cessé de lui inspirer sa première profession. Il étudie ensuite la carrière académique de son prédécesseur, et se félicite de rencontrer en lui l'heureuse et féconde alliance de la culture des lettres avec la science des lois. Il trouve occasion de justifier, en passant, la légitimité de la propriété littéraire, propriété sacrée s'il en fut, bien digne de toute la protection du législateur. Examinant le reproche adressé à Séguier par Marmontel, de s'être fait le dénonciateur des philosophes et des hommes de lettres au Parlement : « Pouvait-il donc, s'écrie-t-il, sans trahir l'autel et le trône, fermer les yeux sur les désolantes doctrines du matérialiste et de l'athée ? En proscrivant ces doctrines, il n'outrageait pas la philosophie, il la vengeait. » Suit une éloquente condamnation de ce matérialisme brutal qui, en niant ce qu'il y a de plus noble dans l'homme, tue du même coup l'âme, l'esprit et le cœur. Suivant Portalis, Séguier, en stigmatisant de toutes ses forces ces systèmes éhontés, « a bien mérité de la philosophie et des lettres, de la reli-

gion de la patrie et du genre humain....... Malheur,
ajoute Portalis, malheur aux peuples chez qui le
christianisme viendrait à s'éteindre! En approchant des
nations qui ne sont pas chrétiennes, on dirait que l'on
s'éloigne de la morale, des sciences, des arts, des lettres, de la philosophie, de la civilisation même. » Nobles paroles, bien dignes d'un chrétien qui ne recula
jamais devant la profession de sa foi, et qui ne connut à
aucune époque de sa vie ce vil sentiment qu'on appelle
le respect humain !

L'orateur arrive enfin à la lutte qu'eut à soutenir le
Parlement de Paris contre le chancelier Maupeou. Il
retrace l'attitude pleine de convenance et de sagesse
dont l'illustre avocat général ne se départit jamais, et
qui le décida à une retraite honorable, d'où il ne voulut
sortir qu'à la résurrection des anciennes Compagnies. Il
rappelle l'opposition de Séguier à la liberté absolue du
commerce des grains et à la suppression des jurandes.
Enfin il le montre, dans son fameux discours de rentrée
sur l'*Esprit du siècle*, signalant bien haut aux magistrats ses collègues les signes avant-coureurs de la Révolution qui allait bouleverser la monarchie. L'orateur suit
Séguier en exil, et entrevoit ses derniers regards tournés
vers sa patrie, en proie alors aux plus cruelles dissensions.

Ce discours, écrit avec une pureté d'expression et une
élégance de style dignes d'un maître, est presque un
testament, un adieu. Depuis longtemps la vue de Por-

talis allait s'affaiblissant de plus en plus. En 1806, il se fit opérer de la cataracte avec un rare courage. L'opération bien longue et bien douloureuse à laquelle il se soumit eut un succès instantané; mais bientôt, hélas! sa cécité devient plus complète... « *N'importe*, dit-il, *j'ai pu voir mes petits-enfants!*..... » Mot touchant et sublime! Un père, dans ce bienfait sitôt retiré, dans l'éclair qui venait de rendre sa nuit plus profonde, avait encore aperçu ce qu'il gagnait sur son malheur. N'est-ce pas assez pour nous faire entrevoir, rien qu'en soulevant un coin du voile, ce que cet homme admirable était dans la vie privée, dans la vie de famille?

Il supporta la privation de la vue sans une plainte, sans un murmure; « et lorsqu'il reparut au milieu de ses collègues pour reprendre ses fonctions accoutumées, on retrouva en lui le même calme, la même sérénité, la même douceur et la même égalité d'humeur qu'auparavant (1). » La mort ne tarda pas, cependant, à venir l'arracher à cette cruelle épreuve. Il mourut à Paris, à la suite d'une courte maladie, le 25 août 1807, à l'âge de soixante-et-un ans seulement, « mais plein de services et d'œuvres (2). » Son corps fut

(1) Discours du grand-juge Regnier aux funérailles de Portalis (imprimé dans l'introduction du Recueil des *Discours sur le Code civil*, publié par M. Frédéric Portalis; page LV).

(2) Pour ne pas laisser ce travail incomplet, nous groupons ici en note quelques dates et quelques faits qui n'ont pu trouver place dans le texte :

En 1803, Portalis fut élu candidat pour le Sénat conservateur, par inhumé dans les caveaux de l'église Sainte-Geneviève (1).

Des honneurs funèbres furent spontanément rendus à la mémoire du ministre, dans un grand nombre d'églises. L'Empereur voulut que la statue de l'éminent juris-consulte fût placée dans la salle du Conseil d'Etat; il l'ordonna par une lettre datée de Burgos (18 novembre 1808) et adressée au grand-juge Regnier. « Nous avons « résolu, — dit Napoléon dans cette lettre, — de faire « placer dans la salle de notre Conseil d'Etat les statues « en marbre des sieurs Tronchet et Portalis, rédacteurs « du premier projet de Code Napoléon, et DONT NOUS « AVONS ÉTÉ A MÊME D'APPRÉCIER LES GRANDS TALENTS DANS « LES CONFÉRENCES QUI ONT EU LIEU LORS DE LA RÉDACTION

le département des Bouches-du-Rhône.

En août 1804, il fut chargé par intérim des fonctions de Ministre de l'Intérieur, et les remplit durant plusieurs mois, se signalant par la justesse de ses décisions, l'étendue de ses lumières, la facilité de son travail.

Le 1er février 1805, il fut décoré par Napoléon du grand-cordon de la Légion d'honneur.

Enfin, disons encore que, dans l'exposé des motifs du projet de loi relatif aux pensions des grands fonctionnaires, présenté au Corps législatif le 4 septembre 1807, le conseiller d'Etat Defermon put rendre à Portalis ce magnifique hommage : « *Sa fortune fut la chose dont ce ministre s'occupa le moins.* »

(1) « On ne saurait dire de Portalis qu'il mourut prématurément et avant son heure. Il s'éteignit dans le plein éclat de l'Empire, avant les fautes et les revers qui en attristèrent la seconde moitié. Il échappa aux discussions pénibles qui suivirent bientôt et qui mirent si fatalement aux prises le pouvoir impérial et la puissance ecclé-siastique » (M. Sainte-Beuve, *Causeries du Lundi,* t. V, p. 377).

« DUDIT CODE. » Solennel et touchant hommage, sorti de la bouche du plus puissant génie des temps modernes, du prince le plus capable d'apprécier l'immortel coopérateur qu'il avait eu le bonheur de rencontrer pour ses grands travaux législatifs. Quel jugement pourrait honorer davantage la mémoire de l'homme illustre dont nous venons de retracer la vie (1)?

(1) La statue de Portalis, exécutée par Deseine, ne fut terminée que sous la Restauration, et fut d'abord placée au Louvre, sur l'escalier qui conduisait à la salle où le Conseil d'Etat tenait ses séances. Depuis 1830, elle a été transportée à Versailles, dans une des galeries du rez-de-chaussée de ce palais, devenu un Musée consacré *à toutes les gloires de la France.*

Lorsque le Conseil d'Etat fut installé dans le nouveau palais du quai d'Orsay, un beau portrait de Portalis, peint par M. Collin, fut placé dans la grande salle des séances publiques.

On voit aussi une statue de Portalis dans la salle des séances du Sénat, au palais du Luxembourg.

www.ingramcontent.com/pod-product-compliance
Lightning Source LLC
Chambersburg PA
CBHW052207270326
41931CB00011B/2260